Business Operation
Analysis

经营活动分析

刘俊勇 贾 菁 李绍蓬 编著

中国人民大学出版社
·北京·

Business Operation Analysis

经营活动分析

刘俊勇 贾 菁 李绍蓬 编著

中国人民大学出版社
·北京·

序

　　《经营活动分析》这本教材起源于中央财经大学会计学院的"奥马行动"学习项目。"奥马行动"由管理会计行动学习（Action Learning in Management Accounting）专题项目的英文首字母"ALMA"音译得来，是由中央财经大学研究生客座导师出题，学生自由组队参与专题项目的学习项目。项目组有专项经费支持并配备校内老师和校外客座导师进行专业指导，要求学生进行为期三个月的企业实地调研并完成调研报告，在结项汇报时接受校内专业教师和企业高管的评审。在2018年的"奥马行动"中，出现了一个题目为"企业中的经营活动分析"的项目。实地调研后，学生们发现传统的相互分离的财务会计信息与业务信息已经无法满足当前企业经营管理的需要。在财务人员人才培养体系中，有关财务分析的教材多聚焦于企业财务层面的指标，而缺少对经营活动分析的教学，所以萌生了写这样一本书的想法。

由于从学生到教师都缺乏经营活动分析的实践经验，所以我们在"奥马行动"的成果基础上，联系了多家企业进行深入的采访和调研。在有咨询背景的专业人士帮助下，我们反复补充、修改采访稿。起初收集到的案例信息和我们想要的有些出入，但随着对经营活动分析的了解逐步深入，以及采访质量不断提高，我们获得了大量和本书有关的内容，它们给我们提供了许多写作的思路和素材。

本书项目组人员数量众多，不仅有硕士生、博士生、教师，还有企业高管，能够按计划顺利推进，得益于严谨的项目管理制度。线下每周一例会，每月一进度会；线上建立讨论组，实时共享材料。任务分配均衡，进度安排合理，最终大家齐心协力完成了本书的编写。

本书编写项目组成员梯度丰富，兼顾学术知识与实务经验。项目负责人刘俊勇教授拥有丰富的教学经验，主持国家社科基金项目《中国企业管理会计控制系统框架与应用研究》等课题20余项，编著《公司业绩评价与激励机制》等著作20余部，有较强的科研能力、编写能力和组织管理能力。项目组的成员有段文譞、安娜两位博士生，以及梁佩玲、谢彤彤、王钰博、刘明慧、周子琪、王子扬、周鑫敏、李萌、马逸飞、刘家祺10位硕士生，还特邀中央财经大学会计学院杨甜娜老师和北京康思迪咨询及数据创始人兼CEO贾菁女士作为项目顾问。在本书编写过程中，联想前财务总监、康思迪咨

询及数据合伙人李绍蓬女士，青鸟体育 CFO 张晶晶女士，财智东方
高级讲师谭向阳先生，微软首席商业分析师魏鑫先生以及北京楚世
盛华信息技术有限公司 CEO 庄磊先生等数位业界精英都给予了极大
的帮助与支持。

　　本书依托 CIMA 的基本理论，借鉴《商业分析新生代》与《金
字塔原理》，结合编者的实战经验对"商业模式画布"和"金字塔理
论"进行了解读。

前　言

什么是经营活动分析

经营活动分析，是指对能够全方位反映企业经营和运作状态的业务财务信息的分析，使企业的财务部为业务活动提供数据分析和决策支持，最终实现企业战略目标。

本书的背景

随着市场经济在我国逐步发展，企业的商业模式越来越丰富，企业在经营过程中面临的挑战和竞争日益加剧，传统的财务分析由于很难满足企业内部业务管理的实际需求，无法为业务部门提供有效的反馈。一方面，目前市面上有关财务分析的课程和教材聚焦于企业财务层面的指标，实务中，财务人员给企业经营部门和经理人分析汇报的过程中，往往面临"领导不懂财务数据，财务人员不知道领导想要什么"的尴尬。另一方面，随着科技不断进步，财务共享、"业财融合"、"互联网＋会计"已经成为实务界讨论的热点，然而市面上的财务分析和管理会计教材仍然局限于传统的工业制造业背景，而且分析手段原始，没有与现代大数据和智能分析工具相结合。现有的管理会计课程体系无法满足雇主的需求，无法支持企业内部的管理层决策。

《企业经济活动分析》（中国人民大学出版社）自20世纪90年代上市以来，得到读者的一致好评，然而自1998年出版第3版以来，中国人民大学就不再开设这门课程，图书也未有更新。经济活动是因，财务指标是果，我们在分析企业的经营状况时应当具备这样的因果意识，只有打通因果，才能帮助企业诊断和解决问题，发挥管理会计在企业计划和决策过程中的作用。

鉴于此，我们致力于编写一本应用于企业真实经营环境下的经营活动分析图书，在现有的财务分析体系上进一步提高学生的分析水平，拓宽学生的眼界，同时开创"产"（基于生产企业的真实案例，多家企业和媒体参与）、"学"（学生使用的经营活动分析教材）、"研"（课程体系研发，形成硕士生案例研究论文、博士生高水平学术论文）多维度结合的创新型人才培养模式。

本书的框架

本书分为三篇：理论篇、实战篇和转型篇。书中不仅介绍专业知识，还教授职场能力和前沿分析工具的使用。

理论篇首先从管理会计的体系入手——战略规划、商业模式、企业生命周期，以及价值链和风险管控，然后介绍了预算的方法，KPI 和平衡计分卡的选择与应用，最后引入了财务流程和差异分析，奠定了本书的基调——经营分析以协助企业达成战略目标为目的。

实战篇讲述了经营活动分析中财务预测与分析常用的几个分析维度，既包括杜邦分析、EBITDA 和 EVA，又以案例的方式详细阐述了面向现在的收入分析、成本分析、费用分析。

转型篇描述了在商业社会的发展中，企业和个人都需要对财务定位进行调整和转型，包括面向未来的经营预测以及项目可行性分析，增加了持续改善与变革管理的内容，同时增加了进行经营分析应该具备的软技巧，包括沟通与汇报、调研与逻辑思维。

我们希望通过对本书的学习，读者能掌握一个新的分析工具Power BI。

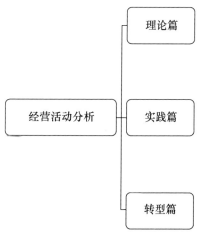

本书选取的案例

为了让读者更容易理解书中的知识点，每章都配有案例。本书选取的案例涉及行业广泛，既有传统制造业，又有互联网行业。选取的企业也是行业内具有代表性、占据领先地位的企业。例如微软——全球最著名的电脑软件提供商和服务商……本书案例使用的数据基于企业真实数据脱敏而来，相关事件基于真实事件改编而来，均为项目组通过调研得到的一手资料。我们希望通过真实、生动的案例，帮助读者更好地掌握经营活动分析的主要内容。

目 录

CONTENTS

第 1 篇　理论篇

第 2 篇　实战篇

第3篇　转型篇

第1篇　理论篇

随着中国经济的飞速发展，企业不断扩大规模，追求模式创新。在这样的大背景下，传统的财务核算、信息系统和管理手段显然已经无法满足企业发展的需求，因此建立一个高效的企业财务管理模式能够在一定程度上缓解企业经营和管理压力。该部分作为本书的开篇，依托特许管理会计师公会（CIMA）和编者的实践经验，介绍管理会计体系及该体系下财务管理人员的各项职能，并根据职能层级的不同依次介绍战略、管理和运营会计的知识。希望这部分内容能够给读者带来更多的启发。

第1章/*Chapter One*

管理会计体系

学习目标

- 理解管理会计的发展历史
- 理解管理会计的分类
- 掌握管理会计的各项职责

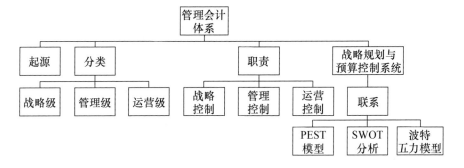

　　随着中国经济的发展、企业规模的扩大，传统的财务核算、信息系统和管理手段已经无法适应企业发展的要求。管理者对财务的要求被划分成不同的层次，有保证股东利益最大化的，有深入业务控制风险的，还有支持庞大数据流程化、标准化、自动化的。面对产业的升级、企业的发展、人员的流动，建立一个高效的企业财务管理模式能够在一定程度上缓解企业经营和管理的压力，因此高效、稳定、业财融合的财务管理体系是发展的必然趋势。

　　说到管理会计，就不得不提日本的稻盛和夫先生，通过在京瓷公司、第二电信、日航等企业成功运行的阿米巴经营模式，以分部门核算制度让每一位员工都具备经营者意识，追求核算效益，为中国企业建立稳固有效的管理会计体系提供了借鉴。

第 1 节　管理会计的起源

　　19 世纪早期，美国建立了成本会计，随着工业革命发展的手工行业被工业一体化公司取代，公司希望以成本更优的核算来保证部门和分部成本不超支，有效的成本信息可以帮助定制化产品或者批量生产的产品实现定价。工程师在机械工作中发展了控制理论，科学的管理方法提供了流程的计量方法，保证了流程的效率，产生了标准比率和生产率的计量方法。成本管理从保证成本最低、提供成本信息给管理者做决策，转变为成本控制，使用标准成本法来控制成本。

　　20 世纪早期，大公司不断成长，促使以工厂为主的成本会计系统向管理会计系统转变。当时有学者提出"管理的会计"这个说法，并主张将管理的重心放在加强内部管理上，但没有引起会计界的普遍重视。到了 20 世纪 40 年代，特别是第二次世界大战以后，为了应对激烈的市场竞争，企业广泛实行职能管理与行为科学管理，借以提高产品质量，降低产品成本，扩大企业利润。中央集权化的管理应运而生，公司采用绩效指标来管理分部，建立全面预算管理体系，利润和投资回报率变得更加重要。1952 年，会计学会年会上正式采用了"管理会计"这个名词，标志着管理会计正式形成。于是，传统会计被称为"财务会计"。

　　随着企业规模不断扩大，跨国公司经营日益多样化，一些标准的管理会计工具虽然有价值，但是还需要引进新的方法来支持先进的生产，需要更多管理成本的方法，需要让管理会计参与公司的战略决策。非财务指标需要和财务指标结合来衡量管理单元的绩效情况。管理会计在公司中扮演的角色使传统会计从事后的信息提供者，变为帮助企业控制成本和达成绩效、评估并指导使公司利润最大化的各种财务手段的商业顾问。

　　在管理会计演进的过程中还有很多重要的发展：

　　● 平衡计分卡（Kaplan and Norton，1992）：通过财务指标和非财务指标的结合产生的业绩管理方式。

　　● 商业系统：不同行业使用点对点的控制、核算和交易系统（比如：SAP、用友、金蝶等）。

● 价值管理（Bennett Stewart，1991）：考虑到传统会计计量方式会误导管理中产生的经济价值而产生的管理方式。

● Web 2.0：起初的电子商务发展成为移动商务，通过社交媒体和大数据来改变顾客关系与决策。

● 企业风险管理：由于不断曝出的丑闻和政策压力，企业越来越关注管理内部和外部风险。

● 全球化和外包：传统行业进行重组，通过合伙方式来获得更加精益的供应链和更低的成本。

● 企业社会责任（John Elkington，1997）：经济责任、环境责任、社会责任的三重底线，对可持续性的审查增加，出现整合报告。

● 会计师的职业道德：在经历几次商业失败后，会计师的职业道德越来越重要。

总的来说，管理会计是用经营数据全面反映公司的经营状况，为管理层提供更好的决策支持。公司的经营状况要从战略级、管理级和运营级三个层面来描述，同时，相关人员要在这三个层面履行自己相应的职责。

第 2 节　管理会计的分类

一、管理者对财务要求的不同层次

随着中国经济的腾飞，中国企业的扩张速度和国际化速度不断加快，管理者对企业财务信息的需求也在不断增加，标准化的财务管理体系和技术手段可以帮助企业加强管理，将财务和业务信息融会贯通是势不可挡的趋势。在这些发展迅速的企业中，业财融合的财务管理体系不仅能够提高企业财务部门的工作效率，而且能够帮助企业打通和管理各个环节的信息。

近年来，越来越多的企业走上了并购、国际化扩张的道路。传统的财务核算、信息系统和管理手段已经无法满足企业发展的需求，标准化、自动化、流程化的财务管理和信息系统应运而生。相应地，管理者对财务的要求划分成不同的层次：

首先，需要战略财务对公司架构、投融资、并购进行评估并提供决策建议，以保证股东利益最大化。

其次，需要深入业务的财务管理支持，保证适合公司战略的绩效体系架构和风险控制。

最后是对庞大的财务数据流程化、标准化、自动化的核算，保证低成本高效率地满足公司最基本的财务需求。

面对产业的升级、企业的发展、人员的流动，企业财务管理模式高效运行，是缓解企业经营和管理压力的关键。只有在高效运行的基础上才能实现公司战略布局，保证股东利益最大化。以相互分离为特点的传统财务会计信息和业务信息已经无法满足需要。高效、稳定、业财融合的财务管理体系是发展的必然趋势。财务共享中心的出现使很多企业无论是工作效率还是管理水平和竞争力都有了较大提升。近年来，越来越多的集团公司看到了财务共享服务在降低成本、提高效率、提升管理、控制风险等方面所发挥的作用，以引入财务共享服务为契机，积极推进财务转型，提升集团的综合竞争力。

针对不同的管理要求，管理会计体系分为三级，如图 1-1 所示：

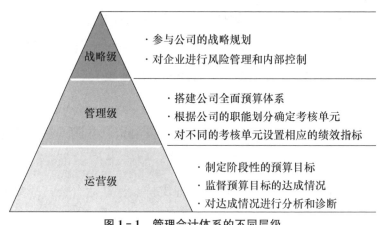

图 1-1　管理会计体系的不同层级

（1）战略级：参与公司的战略规划；对企业进行风险管理和内部控制。

1）洞悉宏观与微观。企业经营者承担重大职责，不但要从宏观上充分认清经济环境、未来发展趋势、竞争格局、政策制度，而且要在微观上了解公司内部的配合、自身的优劣势，以及科技水平，否则就谈不上战略规划。要想经营好企业，就必须频繁出入现场，了解现场的情况，感受现场的气氛，这样才能胸有成竹、游刃有余，而不是只停留在三大表或者数字游戏中。

2）要有完善的目标和完成目标的决心。现代制造业对产品质量的要求非常严格，"零次品"是理所当然的。要达到如此高的质量水平，在研究开发和生产制造过程中，每道工序都必须做到完美无缺，不允许有丝毫差错。无论是投资计划还是核算管理，基础数字哪怕只有微小的错误，都可能导致经营失误。所以，不仅研究开发部门和生产部门要认真负责，事务部门也要认真，要使用风险管理机制和工具来避免错误的出现。

（2）管理级：搭建公司全面预算体系；根据公司的职能划分确定考核单元；对不同的考核单元设置相应的绩效指标。

1）健全的预算制度。预算的制定一般来自公司的战略，它不仅是公司对未来收入和支出的预估，更是企业设置目标、监督目标完成、发现偏差并调整目标的一种手段。预算的制定要注意避免两个问题：第一，如果制定完预算没有跟踪，没有滚动调整，预算的偏差会很大，预算很容易被束之高阁，通常的做法是，在年初的预算目标基础上有完善的滚动预测和预实对比，通过修正策略和行动来实现战略意图。第二，避免只有一次自上而下的预算。通常预算都需要自上而下的匡算和自下而上的细算，经过几轮讨论最终达成共识。如果只是一次性的预算目标，很容易脱离实际或被细节影响。

2）可以衡量的绩效指标。通常我们要将预算目标拆分到各业务中，与业务绩效挂钩，从而保证所有部门共同为完成公司的统一目标而努力。绩效目标不仅包括预算的财务目标，还可能包括保证预算完成的业务目标，比如周转率、转化率等，关于这些目标的信息必须是可收集、可计算、可衡量的，只有这样才能达到绩效考核的目的，因此如何设计绩效指标、如何衡量绩效指标是管理级应该解决的问题。

（3）运营级：制定阶段性的预算目标；监督预算目标的达成情况；对达成情况进行分析和诊断。

1）高效的数据处理和有洞见的分析。在衡量企业经营的指标中一项非常重要的指标是效率指标，它甚至会影响企业的重大决策。如何能够更快、更准确地将有效的数据整理，建立模型，完成分析，是每一个企业都要考虑的问题。信息瞬息万变，如果不能快速了解信息对企业经营的影响，就可能给竞争对手提供快速赶超的机会。因此，更快速地提供有价值的数据和分析，更频繁地提供信息对企业发展的影响越来越大。

2）透明经营的原则。会计应该如实无误地向内外公布公司的真实情况，特别是管理会计，以指导企业的经营为主。由于任何被操纵的数据都有可能误导经营决策，因此，要把经过财务处理的经营数字透明化，要让所有级别的人员都能读懂。管理者只有掌握经营的真实状态，才能树立经营意识，持续地管理和监督，促使全员形成经营意识。另外，上市公司的重要课题是取得一般投资人的信任，所以必须正确披露公司的会计资料。

二、战略规划与预算控制系统的联系

公司预算会根据公司的战略进行不同维度的拆分，从而对预算的连续性和可行性进行多维度的交叉验证。首先，可以根据战略的时间维度制定长期或者短期预算，将企业预算根据产品和渠道拆分到不同利润单元。接着，将专业的财务目标和非财务目标根据公司的战略目标拆分到相应的价值链和成本中心。

战略规划的特点是对公司的生存和未来发展产生影响，根据外部环境机遇与挑战、公司内部的优势和劣势满足所有者、投资者和所有利益相关者的要求，评估公司生产的产品是否满足市场的要求，与此同时，公司是否面临潜在的风险。

在制定战略规划之后，战略管理是保证战略规划落实到位的必要方法和手段，其中包括：

（1）PEST 模型：企业或部门制定新的战略时的宏观分析工具。模型从 P（Politics，政治）、E（Economy，经济）、S（Society，社会）以及 T（Technology，技术）四个关键角度对企业的宏观环境进行分析。通过这四方面的分析，对战略和策略的可行性和相关性进行列示和比较。PEST 分析可以提供一个比较宏观的外部环境分析框架，任何企业和部门的战略都不能离开外部宏观条件，因此这一分析工具可以帮助我们理清思路，找到方向。

（2）SWOT 分析：一种态势分析法，是比较成熟的企业和部门的战略制定工具。结合 PEST 的几个方面，重新审视企业和部门自身的优劣势、面临的机会和挑战，能够对要实施的战略有比较客观的认识。SWOT 分析分为内部分析和外部分析两个部分，内部分析包括 S（Strengths，优势）和 W（Weaknesses，劣势），外部分析包括 O（Opportunities，机会）和 T（Threats，挑战）。战略是一种选择，它把企业或者部门"能够做的"和"可能做的"结合在一起。

（3）波特五力模型：用于竞争策略的分析，可以有效分析客户的竞争环境。五力分别是：供应商议价能力、购买者议价能力、潜在竞争者进入的能力、替代品的替代能力、行业内竞争者的竞争能力。五种力量的不同组合最终影响行业利润的变化。

第3节　经营分析人员的职责

根据管理者对财务的要求，经营分析人员的职责分为以下几个方面。

1. 战略控制

在公司进行收购、出售业务、引进新产品、调整新模式时，提供财务的专业支持，从经营模型、风险管理等角度提供评估、建议和实施方案。

（1）传递决策层的意图。能够领会公司的战略意图，将决策层的意图和想法落实到财务目标和绩效目标中，能够通过有效的手段传达决策层的想法。

（2）指导和管理决策层的决策。通过对数据和市场情况的分析，将决策层的想法设计成合理的方案，从财务角度给经营中的重大事项提供资金支持。

（3）提出明确的财务管理目标。根据企业所处的经营周期、竞争环境、商业模式等设计并提出公司财务在风险控制、制度建设、信息管理、人才培养等方面的管理目标。

2. 管理控制

对产品的目标制定、流程和系统、部门和组织的成果负责。为管理者决策提供信息、方法、实施手段，并监控实施成果。

（1）全面预算管理机制。能够根据公司的组织结构和战略目标搭建全面预算架构，设置预算、预测、经营分析的管理制度，能够针对预算环节出现的各种问题提出有针对性的解决方案，根据公司的战略制定合理的预算并沟通。

（2）目标拆解及绩效管理机制。根据公司的考核单元拆解预算目标，确定绩效目标管理的频率、数据的统计方法、考核的激励手段和惩罚措施等。

（3）为财务管理目标提出有效的管理方法。针对明确的财务管理目标设计有针对性的风险检查机制、数据核对机制，比如票据和实物要相对应，收入和成本相对应，应收账款是否要具体到代理商级别，应付账款是否要具体到供应商层面，等等。

3. 运营控制

控制常规流程和运营，运营公司系统并提供真实可靠的数据。

（1）经营监控及预警。能够定期进行预测的滚动调整，完成预实分析，并对接下来的收入增加或成本降低的行动策略提出建议。

（2）提供绩效考核数据。定期为所有考核部门提供可信赖的考核数据，包括财务数据和业务数据，保证考核数据的可衡量性及合规性。

（3）根据财务管理目标进行核算、监督。定期针对财务管理目标中的核算规则进行自查，比如企业内购、部门间调拨等经营方面的数据，确保公司经营和管理的有效性。

在第3章中我们会对管理会计的每一项职责进行深入的解析，并结合一些访谈案例让大家更好地理解前面所说的管理会计的基本职责。除了对标准的管理会计的职责进行阐述，我们将在第3篇重点阐述公司的转型和个人的转型，希望读者能感受到企业和经营环境的不断发展、科学技术的不断进步给管理会计带来的机遇和挑战。

本章要点

1. 管理会计有哪几类？相应的职责是什么？

管理会计分为战略级、管理级和运营级三类，分别对公司战略的制定和管理提供意见，对公司的经营和考核制定目标，控制相关流程和运营效果。

2. 战略管理的方法和手段有哪些？

战略管理的方法和手段众多，经常使用的有 PEST 模型、SWOT 分析和波特五力模型。

第 2 章/*Chapter Two*

战略会计

学习目标

- 理解战略规划与商业模式

- 掌握商业模式分类与经营分析方法

- 了解企业风险管理概念和重要性

- 掌握企业风险来源与分类

- 掌握企业风险管理的方法

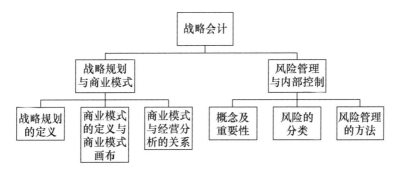

上一章详细介绍了管理会计的分类，根据管理者对财务的要求不同，我们将管理会计体系分为三类：战略级、管理级和运营级。其中，战略级在公司战略的制定和管理中扮演极其重要的角色。因此本章将围绕战略会计展开，让读者在战略规划与商业模式、风险管理和内部结构两方面做好必要的准备。

第1节　战略规划与商业模式

一、战略规划

战略（strategy）是设计用来开发核心竞争力、获取竞争优势的一系列综合的、协调的约定和行动。如果选择了一种战略，则表明公司在不同的竞争方式中做出了选择。从这个意义上说，战略选择表明了这家公司打算做什么和不做什么。

通常来说，战略分为三个递进的阶段，分别为企业战略、经营战略、职能战略。

企业战略（corporate strategy）是企业最高级别的战略，是将企业作为一个整体进行检视的战略。它尤其侧重于考察企业应该在哪些市场中运营。因此企业战略主要关注的问题有：企业是否多元化？企业是否需要收购或出售？企业是否考虑离开现有行业，进入新的行业？当一个企业选择了目标市场，接下来就要制定能在该市场获得成功的计划，我们将这个计划称为经营战略（business strategy），即企业如何在其选择运营的各个市场中成功。为此企业要回答这些问题：企业较竞争对手的优势在哪里？如何抓住重要客户群体的需求？如何避免竞争劣势？企业战略通常作用于企业的整体层面，而经营战略更侧重于战略业务部门。战略业务部门是企业内为产品外部市场服务的部门。战略中最侧重于日常管理的就是职能战略（functional strategy），这一级别的战略关注企业如何将资源、人员和流程结合在一起形成战略架构，从而实现整体战略目标。因此，职能战略还包含人力资源战略、市场战略、信息系统和技术战略、业务战略。要注意的是，这三个阶段的战略并不是独立的，而是紧密联系的，企业战略和经营战略的成功离不开职能战略的支持。

【案例1】格力集团战略胜利

　　格力集团成立于 1991 年，是一家集研发、生产、销售、服务于一体的国际化家电企业，主营家用空调、中央空调、生活电器、冰箱等产品。2016 年，格力电器实现营业总收入 1 101.13 亿元，净利润 154.21 亿元，连续 9 年上榜美国《财富》杂志"中国上市公司 100 强"。格力电器旗下的格力品牌空调是中国空调业唯一的"世界名牌"产品，业务遍及全球 100 多个国家和地区。这些都得力于格力集团一直以来秉持的专业化经营战略。格力产品开发的最大特点是一切以市场为导向，适应市场需要，同时根据未来发展潮流创造市场。在生产规模扩大、产品成本降低的基础上降低售

> 价、扩大市场份额；建立以专卖店和机电安装公司为主的销售渠
> 道，形成销售、安装、维修的一条龙服务。同时格力的广告宣传
> 侧重于信誉与品牌，"好空调，格力造"，以质量与服务赢得顾客
> 青睐。格力产品的开发各有特色和目标市场，形成了较为完整的
> 产品系列，充分显示出专业化经营战略的优势。

　　如果某一组织实施的战略是竞争对手不能复制或因成本太高而
无法模仿的，它就获得了竞争优势。只有当竞争对手模仿其战略的
努力停止或失败后，一个组织才能确信其战略产生了竞争优势。此
外，公司也必须了解，没有任何竞争优势是永恒的。竞争对手获得
用于复制该公司价值创造战略的技能的速度，决定了该公司的竞争
优势能够持续多久。因此，随着市场的不断发展，格力开始转变企
业战略，通过内部创新和一系列合作与并购全力进军新兴市场。

二、商业模式

　　战略和商业模式是两个非常容易混淆的概念，战略往往为组织
或企业确定目标，但目标很少作为要素出现在商业模式中，而是依
托商业模式建立。例如，价值主张是商业模式中的一个要素，而在
战略中只是企业战略的一部分。由此可见，商业模式能够帮助管理
会计人员更好地制定企业的战略规划，因此我们将详细介绍企业商
业模式及其应用。

　　商业模式（business model）描述的是一个企业创造价值、传递

价值及获得价值的基本原理或逻辑过程。为有效描述商业模式，我们通常使用"商业模式画布"来直观地展现一个组织或企业的商业模式（如图 2-1 所示）。

重要伙伴	关键业务	价值主张	客户关系	客户细分
	核心资源		渠道通路	
成本结构			收入来源	

图 2-1　商业模式画布

客户细分：客户细分所要解决的问题是："企业针对哪些客户群体提供产品和服务？对企业而言谁是最重要的客户？"

价值主张：价值主张要解决的问题是："我们为客户提供哪些价值？需要满足客户哪些需求？针对不同细分客户群体提供哪种产品和服务？"

渠道通路：渠道通路是产品接触消费者、传递价值主张的路径。渠道通路要解决的问题是："我们的渠道如何整合？各渠道的贡献程度如何？"

客户关系：客户关系即公司与消费者群体之间建立的关系。客户关系要解决的问题是："每个客户细分群体希望与我们建立和维持怎样的关系？这些关系类型的成本如何？如何把它们与商业模式的其他部分进行整合？"

收入来源：收入来源需要解决的问题是："哪些价值是客户愿意买单的？定价是否超过了客户承受范围？每种收入来源对总体收入的贡献如何？客户喜欢什么样的支付方式？"

核心资源：每个商业模式都需要核心资源，这些资源使得组织能够创造和提供价值主张、接触市场并赚取收入。我们需要思考："创造价值需要哪些资源？分销渠道需要哪些资源？"

关键业务：和核心资源一样，关键业务也是使组织创造价值并获得收入的基础。"为创造价值获得收入来源需要哪些关键业务？建立和维持客户关系需要哪些关键业务？利用分销渠道需要哪些关键业务？"

重要伙伴：很多组织通过创建联盟来优化其商业模式并降低风险。"重要合作伙伴有哪些？企业能从重要伙伴那里获得什么资源？与重要伙伴之间有哪些关键业务？"

成本结构：成本结构要解决的问题是："企业的固定成本和变动成本有哪些？哪些资源和业务占总成本最多？"

商业模式不是独立存在的，而是基于组织的使命、愿景而产生的。为了更好地理解它们，我们可以将一个组织比作人，将商业模式比作人的职业，不同商业模式画布描述的是不同职业的特点。例如，一个人的使命和愿景是成为国内排名前十的外科医生，主要通过操作大型复杂手术帮助命悬一线的病人恢复健康，这就决定了其职业具体的特点，如图 2-2 所示。

医生提供的"价值主张"即手术医疗服务，"关键业务"即为病人操作大型复杂手术，从而获得"收入来源"；"核心资源"是操作大型复杂手术的专业能力；他还需要与"重要伙伴"即麻醉师、助手合作，才能顺利完成手术；每一次手术都耗费了时间、精力，形

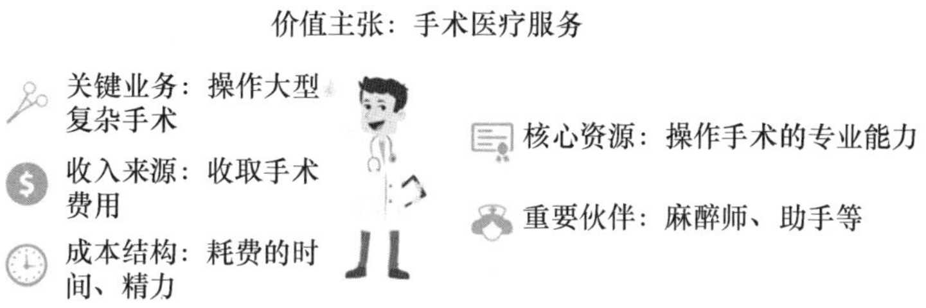

价值主张：手术医疗服务

关键业务：操作大型
复杂手术

核心资源：操作手术的专业能力

收入来源：收取手术
费用

重要伙伴：麻醉师、助手等

成本结构：耗费的时
间、精力

图 2 - 2　医生的"商业模式画布"

成"成本结构"。

下面结合实际案例深入探讨商业模式画布在企业中的体现。

【案例 2】A 企业商业模式画布分析

A 企业是中国知名的五星级健身休闲企业，总部位于北京环球贸易中心，这是北京市寸土寸金的区域；它的定位是中高端健身俱乐部，主要为有健身需求的个人消费者和关注员工健康的企业客户提供服务。A 企业在全国各地为消费者提供健身场所，消费者可以根据自己的兴趣使用多种健身器材；如果需要专业指导，A 企业也能为他们定制课程，由优质的私人教练授课。另外，消费者可以通过公共健身场所拥有新的社交圈，结识一起健身的伙伴，在教练和同伴的陪伴下完成健身课程。

消费者使用健身器材需要支付会费，接受一对一专业指导则需要支付私教课程费用，这些成为企业持续经营的收入来源。A 企业非常重视客户关系管理，为了建立和维持良好的客户关系，A 企业尽可能为消费者提供最好的服务体验，它充分考虑选址问题（对大多数消费者而言是否方便）、物业条件，并购置高端健身器材，招聘优秀的健身教练和会籍人员。在企业经营过程中，因上述活动产生了租金费用、器材购置费用、会籍人员和健身教练的工资等。

【思考】A企业的使命和愿景是成为中国健身休闲产业最受尊敬的公司之一，并通过为客户提供优质的服务和体验，以及利用品牌价值在行业内实现一定的差异化，因此，它的商业模式画布如图2-3所示：

重要伙伴	关键业务	价值主张	客户关系	客户细分
良好的物业条件供应商；器材供应商；企业客户	评估选址；购置高端健身器材；招聘优秀的健身教练；销售推广活动 核心资源 客户资源：忠诚的老客户；硬件资源：良好的地理位置和物业条件；人力资源：优秀的健身教练及会籍人员	为客户提供健身场所、健身指导，定制私教课程； 提供社交圈和精神寄托，拥有同伴和教练的鼓励	针对个人消费者，提供私教课程； 针对企业消费者，定期拜访企业对接人，了解问题与需求 渠道通路 线下：电话销售、地推、发传单、拜访客户； 线上：通过美团等进行推广	有健身需求、中高端消费层次的个人消费者； 关注员工健康的企业消费者
成本结构 人工成本（主要为健身教练及会籍人员）；租金费用；物业费；器材折旧费			收入来源 会籍人员销售取得的会费； 健身教练销售私教课程收费	

图2-3 企业商业模式画布分析

【拓展】选择你感兴趣的组织或企业，用以上方法分析其商业模式画布，并比较它们之间的区别。

三、商业模式与经营分析

在学习商业模式如何影响企业经营分析之前，应当首先了解商业模式与经营分析之间的关系，如图 2-4 所示。

图 2-4　商业模式与经营分析关系图

不同的商业模式会使企业进行不同的经营分析。不同的商业模式意味着企业在商业模式画布中各模块间存在差异，企业经营分析的目标、维度、内容因此不同。例如，某企业销售的是多类少量的产品和服务，所以更看重销售带来的总收入及产品种类增加率，而普通制造业企业如手机制造商，向客户提供少类多量的产品，因此在经营分析时更关注各种产品带来的收益、各产品为企业收益做出的贡献及其成本效益分析。

经营分析的结果会给企业商业模式提供反馈，进而帮助企业改善其商业模式及战略规划。例如，某企业通过经营分析意识到其核心竞争力在于研发，因此企业可能会摒弃原来的生产制造业务，专注于内部研发。苹果公司就是很好的例子，它将生产制造业务进行外包，使有限资源向内部研发倾斜，从而提高资源的使用效率。

不同的商业模式有不同的经营分析方法，随着时代和经济的发展，未来一些新型商业模式的产生必然伴随新型企业的出现，因此最重要的是学会分析不同商业模式的特征，并进行经营分析。

第2节　风险管理与内部控制

　　企业在发展的过程中总会产生投资者的投资价值和预期产生偏差的可能性，这种偏差可能是与预期相比投资价值过低，比如：电脑行业的显示屏技术集中在几家大的供应商手中，由于供应商的供货紧张，下游的电脑厂商可能会面临生产短缺，造成销售无法达成预期的目标；偏差也可能是与预期相比投资价值过高，比如：上市公司的计量货币为美元，当人民币对美元的汇率上涨时，经营业绩会由于汇率波动而出现超出预期的情况，但这种利好不可持续，如果不加以管理会给今后的管理造成压力。无论是过低还是过高都可能对预期计划产生影响，带来损失。为了避免这种风险，财务人员需要采用一些管理手段来降低相关风险，尽可能达到投资预期。本节我们重点学习一下风险管理的概念、分类和应对的基本方法。

一、风险管理概念及重要性

　　风险可用以下公式来表示：

　　　　风险＝概率×影响

式中，概率是指发生风险的可能性；影响是指事件会带来的财务收益或损失。

　　与不确定性相比，风险可以通过数据来反映和计算，因此可以采取一系列手段去控制和降低风险出现的可能性，把影响降至最低。

风险管理就是在企业或者项目有风险的情况下把可能造成的不良影响降至最低。通过风险识别、风险估测、风险评价，并在此基础上选择与优化各种风险管理技术，对风险实施有效控制和妥善处理风险所致损失，从而以最低的成本获得最大的安全保障。风险管理的具体内容包括：

（1）风险管理的对象是风险；

（2）风险管理的主体可以是任何组织（包括营利性组织和非营利组织）和个人；

（3）风险管理的过程包括风险识别、风险估测、风险评价、选择风险管理技术和评估风险管理效果等；

（4）风险管理的基本目标是以最低的成本获得最大的安全保障；

（5）风险管理成为一个独立的管理系统，并成为一门新兴学科。

市场开放、法规解禁、产品创新使不确定性增加，同时也会增加企业经营的风险。良好的风险管理有助于降低决策错误的概率、避免损失，从而提高企业的附加值。

我们在第 1 章中讲过，管理会计就是要从战略、管理和运营三个级别保证公司利益的最大化，风险管理就显得非常重要。如果企业在扩张的时候收购了财务造假的标的，如果企业在资产出售的时候被骗，如果企业经营过程的某些环节出现漏洞，再加上没有严密的方法、手段、专业的人员加以控制和管理，企业可能会遭受很大的损失，因此风险管理是为了：

（1）保证企业做出正确的决策；

（2）保障企业资产的安全和完整；

（3）实现企业的经营活动目标。

除了传统意义上的企业风险控制外，随着社会的不断发展，商业风险的关注点有所增加（包括新的风险和新的应对手段）：

1. 商业运营的复杂性提高

（1）依赖于信息技术。财务电算化和各种信息技术使工作实现流程化、标准化，从而实现自动化，但是由于人们过度依赖机器的计算和流程的管控，忽视了系统的更新、权限的配置等带来的风险。

（2）跨国运营。在公司战略中需要研究外部环境和内部环境，当企业扩张成跨国企业时就会面临政治、文化、政策等的不确定性，母国战略是否能在新的国家落地，是否能够沿用原来的战略和财务模型就变得异常复杂。

（3）精密复杂的产品技术。随着精密产品技术的不断发展和迭代，对精细化零部件供应、质量、齐套的管理和控制越来越复杂，任何一个环节的更新和变化都有可能使产品发生巨大的变化，从而影响企业经营。

（4）精密复杂的金融资产。金融市场的逐渐放开和互联网经济的蓬勃发展，使得企业可以利用更多的金融手段来解决资金的流动性问题，但在复杂的金融产品背后是复杂的金融运营和监管体系，过度使用金融杠杆会使经营风险成倍增长。

（5）品牌和企业声誉等无形资产的重要性不断提高。很多中国企业具有很好的品牌价值和声誉，这在公司兼并重组中有所体现，正是因为资本市场很活跃，测量无形资产、商誉的价值是否在合理范围内就非常重要。

2. 来自诉讼的威胁增加

（1）产品缺陷。鉴于资本市场的推动或自身发展的需要，很多企业开始采用快速上市、不断迭代的方法，但在快速上市的同时，产品的缺陷隐患增加了公司的经营风险。

（2）员工损害赔偿诉讼。法律的健全和企业员工保障机制的完善，给员工提供更多的保护。企业要遵守法律，保证员工的利益和权利，这对企业的经营管理提出更严格的要求。

（3）诽谤诉讼。现代商业社会中营销手段层出不穷，随着互联网、新媒体的蓬勃发展，大众传播迅速、影响力巨大，不真实、不确定的诽谤可能给企业造成很大的影响。如何管理舆情，如何在舆论发酵后妥善处理，成为新的挑战。

（4）窃取知识产权诉讼。知识产权越来越重要是因为它能带来越来越多的经济效益，因此如何保护自己的知识产权不被侵犯，或者不侵犯他人的知识产权都变得尤为重要。

3. 大企业的轰然倒塌

（1）糟糕的战略。社会发展迅速，并购成为企业扩张的必要战略手段，但在这个过程中如何选择合适的标的，如何用合理的价格进行交割，都有可能影响公司整体战略是否能持续。

（2）管理不善的项目。和糟糕的战略类似，如果战略正确而执行出了问题，没能达成既定战略的要求，那么持续经营就存在风险。

（3）腐败的财务管理人员和管理高层。美国安然事件已经给大家敲响了警钟。腐败的财务管理和审计人员，为了追求账面数字而不择手段的管理层都会给公司带来不可估量的损失。

4. 管理风险的方法和手段增加

（1）金融资产市场。金融资产市场为企业提供多种多样的方法降低经营风险，比如提高现金回流的速度、降低坏账率等。

（2）保险。保险的发展为企业提供了多元的保障机制，可以购买不同的保险产品来规避公司在某些方面管理不足的风险。

二、风险的分类

上一部分我们讲述了风险管理的定义和重要性，以及现代商业新的风险管理关注点，现在我们就风险的种类和级别进行归纳和分类。由于风险的来源、性质、标的不同，会有不同的分类方法，我们先从战略会计的角度进行如下分类：自然灾害风险、战略风险、运营风险和财务风险。

1. 自然灾害风险

自然灾害风险通常来自自然灾害和不可抗力，比如地震、台风等。这类风险的产生不但会给企业本身带来损失，也有可能对上游或者下游相关企业和个人产生一些影响。

举个例子：某 IT 企业的生产基地在深圳，深圳台风造成厂房坍塌，生产线浸泡受损，根据订单生产完还未发货的产品因浸泡无法按计划交货，这时财务要从几个方面来盘点损失：（1）厂房和生产线的直接损失；（2）库房中原材料和产成品的损失；（3）订单违约的损失。与此同时要寻找弥补损失的方法：（1）查看相关的保险条款，是否有对厂房、设备、原材料、产成品的赔偿条款；（2）寻找其他工厂和公司提供订单产品的机会；（3）协调相关部门对订单进行调整。总之就是尽一切可能降低公司的损失，保证利益最大化。

2. 战略风险

根据波特五力模型，战略风险通常来自潜在替代品的竞争、上下游环境的变化、行业内或者潜在竞争者的出现、资本和社会政策的变化。面对这样的风险，需要财务人员有对产业的理解和洞察，有对业务产品和竞争对手的了解，有对政策和资本的敏感，通过不断观察、学习和积累帮助企业降低战略风险。

3. 运营风险

运营风险会因企业的商业模式、战略规划的不同而不同，但基本是在企业运营的价值链环节产生的，比如客户满意度、诚信、声誉等，财务人员需要了解运营的价值链环节，知晓价值链中的关键控制点，并对这些控制点进行周期性的监控，从而将运营风险降到最低。

4. 财务风险

财务风险和传统的财务职责更相关，主要来源于定价风险、资产风险、货币风险、流动性风险，这些风险的管理在传统的财务管理中已经有详尽的讲解，不再赘述。

三、企业风险管理的方法

企业风险管理是一种风险管理框架，涉及辨别与组织目标有关的事件或情况（风险与机会），评估其可能性和影响程度，确定应对战略，并监督进展状况。

提到企业风险管理就不得不提美国反虚假财务报告委员会下属的发起人委员会（The Committee of Sponsoring Organizations of the Treadway Commission，COSO）。1985 年，美国注册会计师协会、美国会计师协会、财务经理人协会、内部审计师协会、管理会计师协会联合创建了反虚假财务报告委员会。两年后，该委员会的赞助机构成立 COSO，专门研究内部控制问题。COSO 报告提出内部控制的目的是提高效率，减少资产损失风险，保证财务报告的可靠性和对法律法规的遵从。

由于 COSO 的推动，企业中的内部控制部门应运而生，这个部门通常设立在财务部，区别于外部审计和内部审计。它要求企业里的每个人都使用正确的方法，做该做的事情，而不是不择手段实现企业价值的最大化。

COSO 企业风险管理框架如图 2-5 所示。

（1）控制环境（control environment）：它包括组织人员的诚实程度、价值观和能力；管理层哲学和经营模式；管理层分配权限和责任、组织和发展员工的方式；董事会提供的关注点和方向。控制环境影响员工的管理意识，是其他部分的基础。

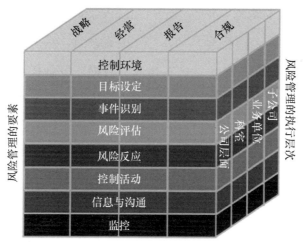

图 2-5 COSO 企业风险管理框架

（2）目标设定（target setting）：主要是针对不同的执行层次和部门设定不同的管控目标。

（3）事件识别（business case identification）：根据不同的管控目标对可能产生的风险进行识别和确认的过程。

（4）风险评估（risk assessment）：确认和分析实现目标过程中的相关风险，是管理何种风险的依据。它随经济、行业、监管和经营条件而不断变化，需建立一套机制来辨认和处理相应的风险。

（5）风险反应（risk response）：根据风险发生的可能性和影响的重要性所制定的四种应对策略，包括降低、避免、接受和转移。

（6）控制活动（control activities）：帮助执行管理指令的政策和程序。它贯穿整个组织、各种层次和功能，包括各种活动，如批准、授权、证实、调整、绩效评价、资产保护和职责分离等。

（7）信息与沟通（information and communication）：信息系统产生各种报告，包括经营、财务、合规等方面，使得对经营的控制成为可能。处理的信息包括内部生成的数据，也包括可用于经营决策的外部事件、活动、状况和外部报告。所有人员都要了解自己在控制系统中所处的位置，以及相互的关系；必须认真对待控制赋予自己的责任，同时必须同外部团体如客户、供货商、监管机构和股东进行有效的沟通。

（8）监控（monitoring）：监控在经营过程中进行，通过对正常的管理和控制活动以及员工执行职责过程中的活动进行监控，来评价系统运作的质量。不同评价的范围和步骤取决于风险的评估和监控程序的有效性。内部控制的缺陷要及时向上级报告，严重的问题要报告给管理高层和董事会。

实施企业的风险管理除了依靠完善的内控体系、专业的内控人员、配合的企业员工外，还需要采用信息化的手段来进行培训与监控。

第一，要根据公司的流程划分管理和控制的职责，根据公司的战略和目标设置控制的原则和规定；

第二，根据公司的行业和特点识别公司的风险偏好；

第三，对这些风险偏好进行定期评估和分析；

第四，针对评估中出现重大风险的事件进行预警；

第五，对预警的项目制定有效的行动计划。

此外，内控部门还要针对出现的问题进行总结与报告，在下一次的规划中进行修正，如图 2-6 所示。

图 2-6　企业风险管理流程

本章要点

1. 什么是商业模式？能否用自己的话对商业模式进行描述？

商业模式描述的是一个企业创造价值、传递价值及获得价值的基本原理或逻辑过程。

2. 企业的商业模式画布包括几个模块？分别是什么？

企业的商业模式画布包括客户细分、价值主张、渠道通路、客户关系、收入来源、核心资源、关键业务、重要伙伴、成本结构 9 大模块。

3. 说明商业模式与经营分析的关系。

不同的商业模式会使企业进行不同的经营分析，经营分析的结果为企业提供反馈，帮助企业改善商业模式。

4. 风险包括哪几类?

风险分为自然灾害风险、战略风险、运营风险、财务风险。

5. 风险管理的要素有哪些?

风险管理的要素包括控制环境、目标设定、事件识别、风险评估、风险反应、控制活动、信息与沟通、监控。

第 3 章/*Chapter Three*

管理会计

学习目标

- 了解预算控制系统

- 掌握预算的方法，理解预算的作用和缺陷

- 理解企业生命周期与考核单元之间的关系

- 理解平衡计分卡及其应用

- 掌握设计关键绩效指标

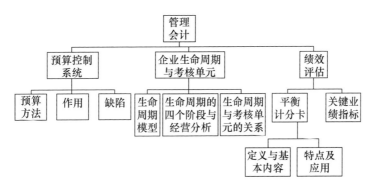

上一章介绍了管理会计体系中战略会计需要掌握的基本知识，战略规划与商业模式相辅相成，企业风险管理与内部控制相互呼应。企业制定相应的商业模式与战略规划即目标之后，需要找到达成目标的基本方法和衡量战略规划执行情况的标准。为此，我们将介绍管理会计体系中起到承上启下作用的管理会计的各项职责：搭建公司全面预算体系；根据公司生命周期确定考核单元；针对不同考核单元设置相应的绩效指标。

第1节　预算控制系统

第1章已经提到战略规划与预算控制系统的关系，好的预算控制系统一定不是空中楼阁，它是基于层层分解的公司战略、部门战略搭建的。好的预算系统不仅能够体现和实现公司的长期和短期战略，而且能够在公司的风险管理中起到重要作用。因此，财务部不能闭门造车，而是要根据公司的战略与相关人员讨论制定预算。

一、预算的方法

全面预算体系由预算主体、预算周期、预算指标、预算维度等要素构成。

1. 预算主体

预算主体指全面预算的责任单位，即承担该预算任务的责任单位，是预算的编制主体，也是预算控制和分析的单位。可以按照企业的现行组织架构建立预算主体的层级关系。

2. 预算周期

依据不同的目的，在编制预算表时使用不同的周期方案。如编制长期预算时使用多个年度节点，年度内预算使用季、月、旬、周等周期节点。

3. 预算指标

预算指标是由相关关键值（周期、维度、主体等）确定的一组数据，比如，销售收入、管理费用。每个预算指标都代表一项业务内容，或者具有一定的经济含义。

4. 预算维度

预算维度是对预算指标从不同的角度进行的分解，比如，销售收入可以从组织机构、产品种类、业务系列、行业、地区、时间等多个维度进行分解。

预算指标按照经营活动业务内容及全面预算管理要求组成全面预算表，全面预算表按照内在的勾稽关系组成全面预算体系，大致情况如下：

1. 经营预算

经营预算又称日常业务预算，是与企业日常经营活动直接相关的各种预算，具体包括销售预算、生产预算、直接材料和采购预算、直接人工预算、制造费用预算、产品成本预算、期末存货预算、销售和管理预算等。一般而言，销售预算作为市场导向型企业的经营预算编制起点，生产预算作为生产导向型企业的经营预算编制起点。

2. 资本预算

资本预算是指企业为那些在预算期内不经常发生的、一次性业务活动所编制的预算，主要包括：根据长期投资决策结论编制的与购置、更新、改造、扩建固定资产决策有关的资本支出预算；与资源开发、产品改造、新产品试制有关的预算等。

3. 资金预算

资金预算是对预算期内资金收入和支出的预计。

4. 财务预算

财务预算是预算体系中的最后环节，从价值方面总括地反映经营期经营预算和资本预算的结果，亦称为总预算，其余预算称为辅助预算或分预算。财务预算具体包括：预计现金流量表、预计利润表、预计资产负债表。

针对上面列示的预算内容，有如下预算方法可供参考：

1. 固定预算

无论规划是否做出调整，原有的预算固定不变。这种预算方法适合实验性业务和初创型产品，多以项目管理的形式出现，公司愿意拿出一定的资源来推进项目，项目可以在固定预算的范围内进行阶段调整，但无论结果如何都不再追加预算。

2. 弹性预算

使用实际的作业水平或者数量制定预算。这种预算方法适合有一些成熟业务的公司，然后根据业务的水平和数量制定预算，比如，一家50平方米的餐饮连锁店如果达到一定的翻台率，年收入100万元，假设新财年的规划是开设 100 家这样的连锁店，那么相应的收入预算通过计算就能得出。

3. 规划差异预算

对最初规划中的假设予以调整，这类预算是固定预算和弹性预算的一种补充。如果原有的项目假设发生变化，那么重新制定预算，并对之前项目产生的损失和风险加以考虑。

4. 增量法预算

基于前一年的预算，允许小部分变化，以此确定当年的预算，这类预算适用于业务相对平稳成熟的企业。比如，手机市场的容量是可以统计的，某品牌的手机已经在市场上拥有一定的市场份额，如果市场容量在新的一年有所提高，或者该品牌的市场份额需要进一步扩大，那么预算就会在上年的业绩基础上增加。

5. 零基法预算

随着收入的增加和成本的削减，重新调整所有的预算项目。这种预算适用于收入的来源和成本、费用没有持续性，每年要根据新的业务模式、公司战略重新编制预算的企业。

6. 自上而下式预算

首席财务官确定主要目标，中层和基层经理考虑如何达到目标。此类预算通常适用于初创企业，企业根据投资人对投资回报率的期望制定财务目标，并层层分解。

7. 自下而上式预算

部门考虑什么目标是可能达到的，然后递交上级予以审批。这种预算基本不会单独存在，大部分情况下和自上而下式预算并存，这样可以交叉验证投资人的目标在执行层面是否能够落实，从而得知预算可能完成的程度。

二、预算的作用

预算管理能将企业资源加以整合与优化，通过内部化来节约交易成本，达到资源利用效率最大化。企业尤其是大企业管理跨度大，需要通过一个机制来协调管理。预算管理是一种制度管理而不是人的管理，它不只是财务部门的事情，是企业的综合、全面管理。预算管理过程涉及企业的各个部门以及所有员工，那种将预算管理视为部门管理的想法是错误的。预算管理通过规划未来的发展指导当前的实践，因而具有战略性。战略支持功能在动态预算上体现得最充分，通过滚动预算和弹性预算将未来置于现实之中。预算管理是一种控制机制，预算作为一个"标杆"，让所有预算执行主体都知道自己的目标是什么，应如何去完成预算，预算完成程度如何与自身利益挂钩等，从而起到一种自我约束和自我激励的作用。

预算的作用有以下几方面：

1. 规划

在前期确定目标。预算管理作为管理会计的重要职责，和传统会计相比，最大的变化就是从事后的总结变为事前的管理，只有知道战略和财务目标，才能让事中的监控有的放矢，才能使事后的总结言之有物。

2. 责任

确定管理者需要做什么。预算制定的过程其实是财务人员和管理者不断碰撞的过程，是用财务数据表示管理者如何通过各种策略以及策略的组合来完成目标，这些策略是否可计算、可衡量、可检验。

3. 整合

协调企业的各个部分。预算就像一条线，将企业的不同部门连接起来，各个部门不能只考虑自己的利益而忽视整体的利益。预算的目的就是要保证企业整体的效益最大化，因此在各个部门的预算基础上还要进行相应的调整。

4. 激励

通过奖罚来激励管理者。有了目标就有了激励的标准，在后面的平衡计分卡部分我们将提到，激励和考核管理者的手段不止财务目标，但财务目标是不可缺少的重要部分，在考核中所占的比重也是最大的，因为与其他考核指标相比，它更标准化、可衡量。

5. 评估

帮助管理者评估组织中各个部分（和评估运行这个部分的管理者）。激励更多的是对个人贡献的奖励，而评估更多的是对公司中不同业务及其对公司整体贡献的衡量，通过预算和结果的对比，可以清晰地展现管理者的意图是否实现。比如，在一个业务里，80％的收入来自前20％的客户，但这部分客户创造的利润可能是负数，因此这部分客户的订单不是越多越好。当然也不能舍弃这些大客户，如果舍弃将会失去市场份额，使产品的规模优势消失，因此制定一个好的预算并进行分解有利于评估这个业务好坏。

三、预算的缺陷

在了解预算的好处的基础上，也要清楚预算的局限性，预算不能解决企业管理的所有问题。

预算的缺陷有以下几点：

1. 不准确

预算基于不准确的预测。预算是一种管理手段，它的制定基于很多假设，比如市场容量、市场增长、产业政策等，一旦这些因素发生变化，预算的准确性就会受到影响。

2. 僵化

增加管理者的预算约束行为。很多互联网初创公司都不是以财务目标为衡量标准的，它们更看重客户的数量、客户的留存率等，这些企业一旦开始单纯追求盈利，可能会制约自身的发展。

3. 短期主义

管理者强调企业的短期目标而不是长期目标。前面提到，有一些预算是根据投资人或者股东对投资回报率的要求而制定的，由于资本市场逐利的特性，被投资企业往往忽略长期目标而一味追逐短期成效，甚至会牺牲长期发展来满足短期需要。

4. 糟糕的激励

增量法预算不能激发卓越的业绩。预算在一定程度上相当于设置了发展的天花板，在市场好于预期或者利率上涨等非经营因素影响业绩的情况下，预算就不能发挥激励的作用，甚至会阻碍企业的发展。

5. 成本

用于制定、报告和监管预算的管理时间不能产生收入。企业业务复杂，考核单元设置过于细致，预算指标太多，会耗费大量的管理成本和管理时间，因此要根据企业的不同周期和成熟程度设计性价比最高的预算结构。

6. 机能失调行为

管理者通过操纵预算实现自身的利益。当预算的制定权控制在某些管理者的手中，而这些预算制定的规则又偏离商业模式和公司战略时，预算就是失效的。

7. 滞后指标

不能控制能够产生业绩的主要业务流程。预算是根据公司战略和已有的业务流程制定的，它无法捕捉和预测尚未出现的机会。

第 2 节　企业生命周期与考核单元

大部分企业都会经历初创、快速成长、鼎盛发展、逐渐衰落四个阶段，企业在各阶段有不同的战略目标，并因自身发展状况在不同阶段重点关注不同的数据和信息，这就导致经营分析在不同阶段存在一定差异。因此在进行经营分析时，考虑企业所处生命周期至关重要。

一、企业生命周期模型

企业生命周期模型（life cycle model）表明单个商品和服务或整个行业会经历不同阶段，这些阶段分为初创期（introduction）、成长期（growth）、成熟期（maturity）、衰退期（decline）。生命周期模型在公司战略决策和管理中是一个非常有用的工具，它能够帮助企业明确应该制定哪种战略规划去达成目标。

对一个企业来说，保持其竞争优势，延迟衰退期的到来是长远发展的关键。为此企业需要重点关注各个阶段的特点，以便制定适合企业发展阶段的企业战略及商业模式。

二、生命周期的四个阶段与经营分析

可以将企业生命周期的四个阶段比作人的成长阶段，如图 3－1 所示。一个企业从创立到发展成熟，类似人从婴儿成长为成年人，企业在成长过程的各阶段会树立不同的价值观，关注不同种类的数据和信息，制定不同的战略规划，由此使得不同阶段的企业经营分析存在差异。

| 人 | 孕育期 | 学步期 | 青春期 | 盛年期 |
| 企业 | 产品阶段 | 运营规模扩张阶段 | 持续经营阶段 | 资本扩张阶段 |

图 3－1　人和企业生命周期的四个阶段

1. 产品阶段

产品阶段也称为初创阶段，该阶段最重要的是产品设计方案。方案需要充分体现产品引起足够市场关注度和为客户带来价值的能力。因为该阶段企业融资来源有限，所以要求产品尽可能占用较低的成本。基于上述内容，如果该产品能够从众多产品设计方案中脱颖而出，那么它就具备发展成为企业的可能。

处于产品阶段的企业进行经营分析时，应当关注是否有客户为产品买单，引起客户关注的成本高低及注册用户量等信息。利用这些信息衡量提供的产品是否能为客户带来超过其他产品的价值，是否能够利用较低的成本引起较大的市场关注度。值得注意的是，企业在该阶段几乎没有财务数据，其数据主要是业务数据。

2. 运营规模扩张阶段

处于运营规模扩张阶段的企业面临更多的挑战，例如，市场销量急剧增加、客户需求复杂化。该阶段企业更注重投入和人员管理。随着客户、产品和服务数量的急剧增加，企业会扩大生产规模并增加人员，具体体现为：组建自己的营销队伍，开展营销活动吸引更多的客户；统一进行招聘、绩效考核及激励；关注财务管理，进行成本与费用管理以及提高资金使用率。

运营规模扩张阶段的经营分析如图 3-2 所示。

处于该阶段的企业在经营分析时，重点关注以下几组数据：

（1）销售收入增长与投入增长。通过比较数据来判断企业扩大规模后是否提高了效益。

关注销售收入增长vs投入增长　　关注消费客户向活跃客户转化率

关注资金周转　　关注固定成本

图3-2　运营规模扩张阶段的经营分析

（2）固定成本。在企业运营规模扩张阶段扩张最快的是企业固定项目，例如，企业为提供更多的产品而购置的新生产线等，企业需要关注销售收入是否能覆盖固定成本。

（3）资金周转。该阶段企业主要进行融资，即将融来的资金用于生产产品，销售产品后收回资金还给出资方。我们将从出资方获得融资到生产产品，销售产品收回资金还给出资方视为一次周转，一个企业在一年内周转次数越多，表明其生产销售产品获得的收入更多，规模扩张越快，因此需要分析企业资金周转情况。

（4）消费客户向活跃客户转化率。该阶段企业不仅要关注客户数量的增加，还要关注单个客户为企业所做贡献的增加，即客户从消费客户（消费次数较少）向活跃客户（消费次数较多）的转化率，因为客户数量的增加和单个客户贡献的增加均能为企业带来收入，创造价值，初步建立品牌效应。

3. 持续经营阶段

发展到持续经营阶段意味着企业能够独立发展，不需要通过融资维持生产投入，即企业的收入来源能够覆盖自身的成本费用，收回的现金能够支持日常经营及产能投资，企业开始为投资者创造超过其预期的收入和盈利。此外，企业在该阶段的战略目标发生了变化，企业意识到要实现持续发展，不能仅仅依赖一个产品或一个市场。

企业发展到该阶段，其业务形成了一定的规律，能用财务数据进行表达，因此企业在经营分析时开始关注财务数据，例如，投入产出比、总资产报酬率、自由现金流等。其中，总资产报酬率也称企业内在成长率，可以衡量企业通过获得的资金创造收益的效率；自由现金流是企业实际可支配的资金部分，来自经营活动现金流量扣除未来的研发、产能投入等支出后的净额，是为企业创造价值以及向投资者分配红利的来源。

4. 资本扩张阶段

如果企业达到天花板，还想继续发展并延缓衰退期的到来，就要考虑通过并购实现增长的目标。企业并购能够实现协同效应，即达到 $1+1>2$ 的效果，不仅节约成本，还能增加利润空间，在与银行谈判时提高谈判实力，降低财务费用。

资本扩张阶段的企业更加庞大和复杂，财务数据相比于业务数据能更加系统全面地反映企业经营情况，但这并不意味着财务数据就脱离了业务数据。例如，我们在分析企业的净资产收益率

（ROE），即企业利用获得的资金为股东创造多少收益时，需要了解这些收益有哪些，获得的资金来源有哪些。比如，收益主要来自手机销售，那么手机日常生产多少部能够满足企业销售需求，这就需要企业结合业务数据来进行决策。

成长四阶段的经营分析如图 3-3 所示。

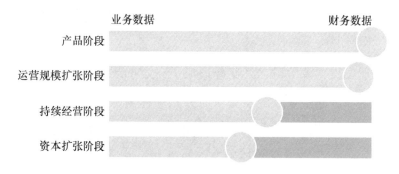

图 3-3　成长四阶段的经营分析

根据企业在生命周期不同阶段的经营分析，可以总结出：企业在进入持续经营阶段之前，主要关注内部业务数据；进入持续经营阶段后，企业开始关注财务数据并进行综合分析，配合业务数据发现、解决问题。

三、生命周期与考核单元的关系

前面介绍预算控制系统和企业生命周期，是为了说明不是所有的企业都要用同样的预算方法，不是所有企业都是以企业整体为唯一考核单元。预算和考核是帮助企业评估和激励的方法和手段，如何有效合理地利用这些方法和手段使企业如期发展、达成目标、实现利润最大化显得特别重要。

企业在不同生命周期所需达成的目标是不一样的，根据目标的不同，考核单元也不尽相同。考核单元通常可以分为四类：

（1）成本中心；

（2）收入中心；

（3）利润中心；

（4）投资中心。

图 3-4 可以更好地帮助我们理解这些分类在企业不同生命周期中的作用。

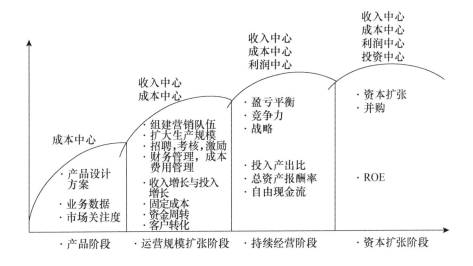

图 3-4　考核单元在企业不同生命周期中的作用

（1）成本中心。成本中心是一个以花钱为主的部门，这个部门会存在于企业发展的各个阶段。在产品研发阶段，公司可能还没有收入，但是有了人员支出、研发设备投入、市场推广费用。因此，如何设置成本中心，在多大范围内设置一个成本中心，成本中心支出的性质是什么，都是影响这个成本中心预算制定的关键因素。

（2）收入中心。在这个考核单元，企业产品已经获得了市场的认可，获取了相应的收入。因此，运营规模扩张，营销单元的收入最大化成为这个阶段企业的目标，销售部门、销售渠道、销售人员成为收入中心的主要构成部分。和成本中心一样，在设置收入中心时是按销售的产品分，还是按销售地域、销售通路分，需要考虑公司的策略。当然收入中心的考核以收入目标为主。

（3）利润中心。在这个考核单元，企业的产品已经成熟稳定，企业进入持续经营阶段，不仅追求规模效益，还追求盈利。利润中心的管理者需要具备综合管理能力，能够在保证营业规模的基础上协调销售收入和成本、费用的关系，最终达成利润最大化的目标。

（4）投资中心。企业从持续经营阶段进入资本扩张阶段，通过并购或者出售某些业务来实现综合效益最大化，这时专门负责并购和出售业务的部门就要设立投资中心。投资中心的经营、考核与其他中心完全不同，提高投资回报率是这个部门应实现的目标。

以上这些考核单元不是割裂的，而是相互联系的。当企业发展到持续经营阶段，可以不单独设立收入中心，而是直接设置利润中心，利润中心又可以划分成收入中心和成本中心，大的利润中心还可以分成更小的利润中心。随着科技的不断发展，在依靠技术手段降低成本的情况下，考核的颗粒度还可以更加精细。

第 3 节　绩效评估

一、平衡计分卡

平衡计分卡（balanced score card，BSC）是 1992 年由罗伯特·卡普兰（Robert Kaplan）与戴维·诺顿（David Norton）共同提出的一种绩效评价体系。它将企业战略目标逐层分解转化为具体的相互平衡的绩效考核指标，并对这些指标的实现状况分不同时段进行考核，从而为企业战略目标的达成奠定可靠的执行基础。平衡计分卡实现了传统财务人员"找到超越传统财务量度的绩效评价模式"的愿景，这个根据企业战略精心设计的指标体系使得企业的战略规划能够转变为源源不断的执行力。

（一）平衡计分卡的定义和基本内容

为了使企业的战略规划得到有效的执行，平衡计分卡的指标不再拘泥于传统的财务指标，而是将财务指标与非财务指标相结合，并分为四个层面：财务（financial）、客户（customer）、内部经营过程（internal business processes）、学习与成长（learning and growth）。这四个层面分别代表企业主要的利益相关者：股东、客户、员工。当然，企业在评估时很难做到面面俱到，对每个层面的重要性排序取决于各层面本身和指标的选择与公司战略的一致性。平衡计分卡的基本内容如图 3 - 5 所示。

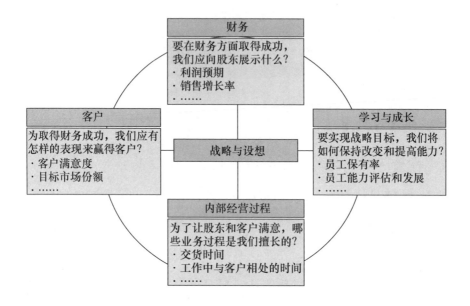

图 3-5 平衡计分卡的基本内容

1. 财务层面

财务层面的指标往往显示企业战略及其执行是否能帮助改善企业盈利状况，因而财务指标通常与企业获利能力有关，包括：营业收入、经济增加值、资本报酬率等，也可能是销售额或现金流量等。

2. 客户层面

客户层面的指标通常包括客户满意度、客户保有率、客户获得率、客户盈利率、目标市场份额等。管理者应当能够阐明客户和市场战略，从而创造丰厚的财务回报。

3. 内部经营过程层面

管理者要确认组织擅长的关键过程，这些过程能够帮助企业创造价值，吸引和留住目标市场的客户，并满足股东对财务回报的期望。

4. 学习与成长层面

学习与成长能力从根本上确立了企业实现长期增长及改善必须具备的软实力框架，以及企业未来成功的关键与必要因素。一般而言，企业的实际能力与实现突破性业绩所需能力之间存在一定差距，为了弥补这个差距，企业必须投资于员工技术再造、组织程序和日常运营，这些都是平衡计分卡学习与成长层面追求的目标，例如，员工满意度、员工保有率、员工培训与技能等。

平衡计分卡的四个层面是相互关联的，可以利用这四个层面描绘出企业战略的因果图：企业通过运用人力资本、信息资本和组织资本等无形资产（学习与成长），建立战略优势和提高效率（内部经营过程），把价值带给市场（客户），从而实现股东价值（财务）。平衡计分卡通过这些因果关系提供了把战略转化为可操作内容的框架，根据因果关系可将企业的战略目标分解为几个子目标，各子目标或评价指标可以根据因果关系继续细分，直至最终形成可指导个人行动的绩效指标。

（二）平衡计分卡的特点及应用

平衡计分卡的绩效评价体系打破了传统的只重视财务指标的管理方法。传统的财务指标只能衡量过去发生的事，无法评估企业前瞻性的投资和未来的表现。另外，随着互联网产业的蓬勃发展和新商业模式的出现，财务指标不能很好地反映企业过去的表现。但平衡计分卡能帮助企业实现各项指标的平衡。

（1）财务指标和非财务指标的平衡。企业一般考核的是财务指标，对非财务指标（客户、内部经营过程、学习与成长）的考核很少，对非财务指标的考核往往缺乏量化性、系统性和全面性，增加了业财融合的难度。

（2）企业内部群体与外部群体的平衡。股东与客户为外部群体，员工是内部群体，平衡计分卡可以在执行战略的过程中平衡这些群体之间的利益。

（3）领先指标与滞后指标的平衡。财务指标是滞后指标，它只能反映公司过去的表现，不能展示公司如何改善业绩并更好地实施战略；客户、内部经营过程、学习与成长是领先指标，能够指明企业为达到目标需要攻克的难关。

（4）企业的长期目标和短期目标的平衡。平衡计分卡既关注企业的长期发展，也关注短期目标的实现，这使企业的战略规划和年度计划能有效结合起来，保证企业的短期计划和战略规划的方向保持一致。

（5）结果性指标与动因性指标的平衡。结果性指标是反映企业绩效的价值指标，主要包括投资报酬率、权益净利率、经济增加值、息税前利润、自由现金流量等综合指标；动因性指标是反映企业价值关键驱动因素的指标，主要包括资本性支出、单位生产成本、产量、销量、客户满意度、员工满意度等。平衡计分卡以有效完成战略为动因，以可衡量的指标为目标管理的结果，需要平衡两者的关系，以达到最佳状态。

【案例 1】美孚石油平衡计分卡的应用

1990 年，美孚石油的财务状况出了问题，行业排名下降，出现亏损。美孚石油积极调整，实行"节流"政策（削减员工规模等），政策在短期内起到了一定效果，但仍不能彻底解决问题。于是 1993 年美孚石油引入了平衡计分卡。制定企业战略规划后，美孚石油根据平衡计分卡的四个层面做了以下工作（如图 3-6 所示）。

（1）财务层面。美孚石油用占用资本回报率来反映股东利益实现情况；美孚在制定财务政策时选择了"开源"（即成长战略）和"节流"（即生产力战略）相结合的政策。一方面，"开源"，提升高质量产品的销量，通过建立便利店、提供差别服务增加非汽油产品的收入；另一方面，"节流"，通过良好的生产控制流程实现行业最低成本，并提高现有资产利用率。

（2）客户层面。美孚石油的客户有两大类：终端客户和经销商。美孚希望终端客户有愉悦的消费体验，因此提出了目标客户占有率和神秘打分达标率的指标；对经销商，美孚石油则提出合作共赢的理念。

（3）内部经营过程层面。美孚沿用了平衡计分卡战略图经典的四个战略主题——创新、运营、客户关系，以及规范和社会（见表 3-1）。

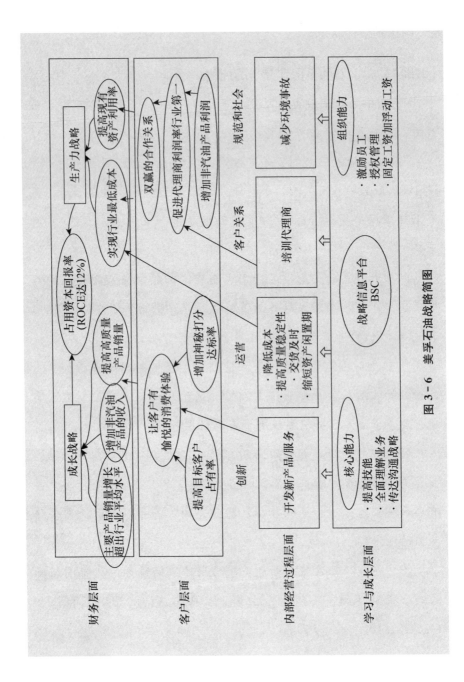

图 3 - 6 美孚石油战略简图

表 3 - 1　美孚石油内部经营战略分析表

战略主题	内容	目标
创新	提升客户亲密度，进行服务创新	开发新产品 开发新服务
运营	良好的运营能够降低成本	降低成本 提高质量稳定性 交货及时，提高客户满意度 缩短资产闲置期，提高现有资产利用率
客户关系	提高经销商管理水平	培训经销商
规范和社会	企业对社会的影响	减少环境事故

（4）学习与成长层面。美孚石油决定在人力资源、IT 资源和组织资源上强化软实力，实行固定工资加浮动工资的工资标准，激励员工不断学习以提高技能（见表 3 - 2）。

表 3 - 2　美孚石油学习与成长战略分析表

战略方面	内容
人力资本	传达沟通战略，要让企业所有员工都知道新战略是什么，这是战略执行最基础的保证 让所有员工全面了解业务，相互帮助，避免部门各自为政 提高员工的技能
IT 资本	建立战略信息平台，通过平衡计分卡软件显示战略目标
组织资本	激励员工，实行固定工资加浮动工资，将员工的积极性调动起来 授权管理（权力下放），让每个员工清楚自己应该做什么

（三）平衡计分卡的局限性

虽然平衡计分卡能够克服单一财务数据评估方法的缺陷，保持企业资源优化分配，加强各级员工对企业战略的沟通和理解，保证企业短期计划和长远发展方向一致，但平衡计分卡也存在明显的局限性。

（1）实施难度大。平衡计分卡的实施要求企业有明确的战略规划，中高层管理者具有指标创新的能力和意愿，因此管理基础差的企业很难直接引入平衡计分卡。

（2）指标体系的建立较困难。平衡计分卡与传统业绩评价体系相比突破很大，公司必须面对如何建立非财务指标体系，如何确立非财务指标，以及如何评价非财务指标的问题。

（3）指标数量过多。平衡计分卡涉及财务、客户、内部经营过程、学习与成长四个层面，指标间的因果关系很难厘清，指标的取舍和权重分配都是要考虑的因素。

（4）实施成本大。平衡计分卡从财务、客户、内部经营过程、学习与成长四个层面考虑战略目标的实施，并为每个层面制定详细明确的指标。从构想到将指标落实到每个部门，一份平衡计分卡通常需要 3～6 个月去执行，还需要几个月来调整结构。因而一份成熟的平衡计分卡可能需要花费一年或更长的时间。

二、关键业绩指标（KPI）

（一）根据业务需求确定 KPI

在很多公司都存在这样的问题：业务端不了解财务的要求，财务端无法提供业务想要的数据，同时财务和业务的分析方法、决策口径、关注重点、最终目标都存在差异，最终导致业务和财务无法有效沟通，财务定义的 KPI 与业务脱节的问题。要解决这个问题，让业务和财务对话，根据业务需求定义 KPI，应该怎么做？

首先要明确，商业分析师跟业务人员一起探讨出的有意义、可量化的指标才可以称为关键业绩指标，即 KPI。商业分析师的作用是告诉业务人员哪些指标是可量化的，哪些指标是可考核的，但分析师自己很难定义经营活动分析的 KPI，真正的分析师需要跟业务负责人一起定义 KPI。因为只有业务负责人才真正了解驱动业务增长的 KPI，他们会从公司也就是业务的角度出发，而不是从个人角度出发定义 KPI。

需要指出的是，"可计算的指标就是 KPI"这种理念完全脱离了业务，是一种偷懒的想法。同样，如果经营活动分析的 KPI 是无法考核、无法量化的，这样的 KPI 也没有意义。例如，业务人员认为某单销售是否能成功取决于"销售人员或代理商高不高兴"，高兴就可以出单，不高兴就不出单。事实上，这种指标完全无法量化，因此是没有意义的。

另外，分析师和业务负责人需要判定中和的指标。一个分析师可以和一帮精通业务的人讨论如何用 30 个指标来诠释非常复杂的业务，但是当分析师了解业务以后，会发现很多指标不一定有意义。从业务角度出发，有些指标可能存在冲突，例如，企业在定义 KPI 的过程中，销售、财务和市场部门制定的指标很可能相互冲突。作为公司的管理层和骨干人员，商业分析师需要制定一个相对中和的指标，从更宏观的角度平衡企业的各个方面。

【案例2】微软 KPI 客户覆盖率的定义

十多年前，中国市场有 700 万微软用户，但真正买过微软产品的只有几万，所以微软在中国有很大的市场空间。当时微软所用的指标叫新客户获取量（new customer acquisition），这个指标没有包括和市场总量匹配的因素，与中国市场整体脱离。有没有可能用一个更好的指标来诠释增长？微软的商业分析师用客户覆盖率（customer penetration）这个指标来替代新客户获取量指标。在定义这个指标的时候，分析师首先考虑了中国市场总量，同时考虑了微软处于什么阶段、占中国市场的百分比是多少、离天花板还有多远。这就是新的 KPI 的定义过程。

定义完指标以后，分析师做了以下工作：

第一，和总经理沟通，使其明白什么叫客户覆盖率。

第二，解释这个指标怎么用、好在哪里。分析师认为，客户覆盖率是一个引领性指标，具有前瞻性，可以用它来反推合理的收入。

第三，分析师和总部沟通，解释为什么中国市场需要使用这个指标。总部的员工一开始不能理解，因为在西方人的思维中，为知识产权付费是天经地义的。向总部解释完这件事情后，总部同事的问题是如何定义"中国市场有 700 万微软用户"。700 万这个数据是从什么渠道获得的？分析师解释说，数据是从专业的市场调研机构和数据公司获取的，如果从一个全球化公司的视角去考虑，也许客户覆盖率指标不仅适合中国，对一些发达国家也同样适用。也就是说，做分析时，不应局限于自己的公司，而应从市场的角度审视指标是否合理，否则制定的指标会脱离市场的实际状况。

第四，指标落地时，分析师要解释一套运营化的定义和计算的逻辑。例如，指标的分子是什么、分母是什么，打算用什么方法、通过什么系统去考核，这些都是运营化的商业定义的内容。这些定义不光要写出来，而且要让每个人都了解。

客户覆盖率的指标使用一年后，被全球微软员工所接受和倡导。从 KPI 角度来讲，客户覆盖率满足了更多国家的需求，同时有利于推动财务人员去了解业务，推动业务人员去量化市场。

在微软，指标的定义意味着方向的确定，一年之内 KPI 很少有改动，除非公司内部有重大的变革，或者市场有很大的变化。这保证了所有人都在同一条船上，每个人看的方向、讲的语言、行动的目标是一致的。如果指标频繁更改，会影响管理变革，员工也会失去方向。因此，KPI 确定后，体系和方向的变化幅度越小越好。

参考上述微软案例，根据业务需求定义 KPI 大概分为四个步骤，如图 3-7 所示。

这一系列工作会一直循环，在持续不断的摸索中逐渐成型。例如，在市场部，全球负责人首先会从总部的角度定义出一套 KPI，然后与市场部各个国家的负责人探讨。在这个过程中，各个国家的需求可能不一样，比如有些要适应像中国这样的发展中国家，有些

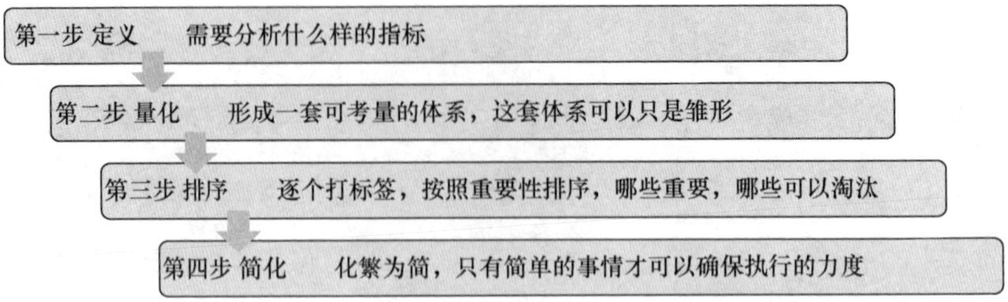

第一步 定义　　需要分析什么样的指标

第二步 量化　　形成一套可考量的体系，这套体系可以只是雏形

第三步 排序　　逐个打标签，按照重要性排序，哪些重要，哪些可以淘汰

第四步 简化　　化繁为简，只有简单的事情才可以确保执行的力度

图 3-7　根据业务需求确定 KPI 的步骤

要适应像美国这样的发达国家。因此，"定义—量化—排序—简化"这几个步骤需要不断循环，经过多次会议和沟通才能成型。

业务在变化，每年的 KPI 考核体系也在变化，因此这个过程没有规律可循，很难找到简化的方式。确定 KPI 的过程非常耗时，但是"定义—量化—排序—简化"这个流程是不变的。

(二) 采购、生产、销售流程中的 KPI 指标体系

1. 采购流程

目标一：降低获得成本。

企业在采购流程中必须建立高效的供应商关系，以达到降低总获得成本的目的。获得成本包括获取货物、材料和服务的成本。值得注意的是，成本低并不仅仅指采购价格低，因为采购价格只是成本的一部分，成本还包括来自供应商的其他成本，例如，材料退回成本、材料搬运成本、材料储存成本、因送货迟到而延迟生产的成本等。

企业会为降低获得成本做很多努力。例如，企业会努力寻找接受电子订货的供应商，因为这些供应商能够及时交付无缺陷产品。

另外一些企业会取消某些项目中的采购职能，将销售人员直接派到企业中，销售人员可以在发料之前根据企业需要定制和管理进料。

降低总获得成本的目标可以量化为材料和服务的作业成本、采购成本占采购总额的百分比、电子化采购的百分比、供应商排名等相关指标。

目标二：及时、高质量地交付货物。

货物供应的质量和及时性也是采购流程的重要目标之一。许多企业会将供应商的成本、时间和质量指标汇总成一个全面的供应商计分卡。例如，建立一个网站，在网站上持续更新供应商交付时间和质量方面的排名。

及时、高质量交付货物的目标可以量化为交货及时率、订单延迟率、到货次品率、送货免检百分比等相关指标。

目标三：外包非核心的产品和服务。

许多企业会外包非核心职能，例如，信息技术、账务处理、工厂维护，以及成熟产品和服务的生产。外包一些非核心的职能可以让企业将精力集中在能够创造差异性、独特性、竞争优势的流程上。当广泛的外包成为组织战略的一部分时，提高外包服务的业绩成为运营管理的一个重要战略目标。

提高外包服务业绩的目标可以量化为外包数量、外包伙伴的业绩等相关指标。

目标四：与供应商建立伙伴关系。

一些企业依赖供应商进行产品革新和设计，以获取内部资源进行高级产品开发和系统集成。还有一些企业和供应商建立伙伴关系，将自身和供应商的产品服务结合起来，为客户创造更多价值。例如，金融服务公司和供应商合作，使用单一的渠道为客户提供广泛的金融产品。

与供应商建立伙伴关系的目标可以量化为供应商的创新数量、向客户提供服务的供应商数量等相关指标。

采购流程管理的目标和指标见表3-3。

表3-3　采购流程管理的目标和指标

目标	指标
降低获得成本	材料和服务的作业成本 采购成本占采购总额的百分比 电子化采购的百分比 供应商排名
及时、高质量地交付货物	交货及时率 订单延迟率 到货次品率 送货免检百分比
与供应商建立伙伴关系	供应商的创新数量 向客户提供服务的供应商数量
外包非核心的产品和服务	外包数量 外包伙伴的业绩

2. 生产流程

使产品生产和服务更高效、质量更高、反应更快是生产流程的目标。与此目标相关的可量化的考核指标如表3-4所示。

表 3-4　生产流程管理的目标和指标

目标	指标
降低生产产品和服务的成本	关键运营流程的作业成本 单位产出成本 销售和管理费用占总成本的百分比
持续改进流程	持续改进流程的数量 减少无效或不增值的流程的数量 产品缺陷率 合格率 报废率 检查和测试成本 质量总成本
提高流程反应速度	周转期（从生产开始到产品完工） 加工时间 加工效率（加工时间占周转期的比率）
提高固定资产利用率	生产能力利用百分比 设备可靠性（设备可用于生产的时间的比率） 故障次数或故障百分比 灵活性（生产产品或提供服务的流程的范围）
提高营运资本效率	存货周转率 应收账款周转率 库存比率 现金周转期

3. 销售流程

生产流程之后是向客户交付产品或服务。可量化的考核指标见表 3-5。

表 3-5　销售流程管理的目标和指标

目标	指标
降低服务成本	向客户交付和储存的作业成本 通过低服务成本渠道实现的客户比率

续表

目标	指标
快速交货	从订货到交付的提前期 从产品生产/服务提供到可供客户使用的时间长度 准时交付率
提高质量	无缺陷交付产品百分比 客户投诉的数量和频率

本章要点

1. 全面预算表通常包含哪些预算？

全面预算表按照内在的勾稽关系组成全面预算体系，包含经营预算、资本预算、资金预算、财务预算。

2. 说明企业生命周期的四个阶段及经营分析。

企业生命周期中第一阶段为产品阶段，该阶段的经营分析数据主要是业务数据，几乎没有财务数据；第二阶段为运营规模扩张阶段，经营分析主要关注业务数据和少量的财务数据，例如固定成本等；第三阶段为持续经营阶段，经营分析开始关注财务数据；第四阶段为资本扩张阶段，形成财务数据与业务数据结合的分析体系。

3. 平衡计分卡的基本内容有哪些？代表哪些群体的利益？

平衡计分卡将财务指标与非财务指标相结合，并总结为四个层面：财务、客户、内部经营过程、学习与成长。这四个层面分别代表企业主要的利益相关者：股东、客户、员工。

运营会计

学习目标

- 理解制定预算目标的三个关注点

- 掌握财务流程

- 理解价值链下的经营活动分析

- 掌握差异分析指标及其含义

- 掌握营运能力分析指标及其含义

- 掌握偿债能力分析指标及其含义

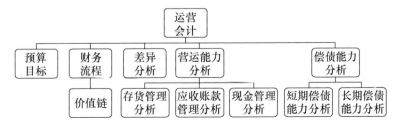

第 3 章介绍了管理会计体系中管理会计需要掌握的基本知识，预算的方法、作用和缺陷，企业生命周期与考核单元之间的关系，以及平衡计分卡在管理中的作用。在企业发展的不同生命周期，可以根据战略需要划分不同的考核单元，并根据战略目标选择相应的预算方案。那么预算目标应该如何制定、如何监控、如何管理呢？这些是管理会计体系中运营会计应该解决的问题。我们将在本章详细介绍在管理会计体系中落实战略会计和管理会计的具体方法和措施，介绍预算目标、财务流程，以及差异分析、营运能力分析和偿债能力分析。

第 1 节　预算目标

一、财务指标和非财务指标

在不同的发展阶段，企业需要达成的战略目标是不同的，衡量战略目标完成情况的指标有财务指标和非财务指标。无论是财务指标还是非财务指标都需要服务于公司的战略。

（1）公司利润最大化。尽可能最大化收入扣除成本后的剩余部分，使公司利润最大化。决定当年生产什么、怎么定价、投入多少、如何在产品间分配产能。同时还要根据公司的销售渠道特性，制定销售价格、返款政策，扩大销售数量，降低库存。

（2）股东财富最大化。通过对财务的合理经营，为股东带来更多的财富，ROCE（return on capital employed）是衡量股东投入资本获得回报的财务指标，可以通过这个指标来衡量同样的资本投入，哪种投资带来的回报率更高。上市公司投资者特别看重股票的市场价值，因此投资人使用何种投资评估指标（平均回报率、净现值、内部回报率）来评估预期收益和风险，是实现股东财富最大化需要考虑的内容，会影响投资人对公司未来收益的预期。

（3）非财务指标。除了以上财务指标外，还有相关的非财务指标，这些指标直接决定了财务目标是否能够实现，因此财务人员不能只关注财务目标，还要进一步了解业务，并挖掘影响财务目标背后的非财务动因。比如，投资和研发的承诺是否如期兑现，员工的激励是否影响业务运转，公司的社会责任是否能够保证公司长期运营，公司是否有披露风险的机制等。非财务指标用来监控进度、业绩并报告给利益相关者。

二、利益相关者

哪些人属于利益相关者？这些人和企业的发展有哪些联系？

根据利益相关者分析图（见图 4-1），可以将利益相关者分为：A——利益水平低、权力小，企业可以付出最小的努力；B——利益水平高但权力小，企业需要保持消息灵通；C——利益水平低但权力大，企业需要保证他们满意；D——利益水平高权力也大，是主要参与者。

		利益水平	
		低	高
权力	小	A 最小的努力	B 保持消息灵通
	大	C 保证满意	D 主要参与者

图 4-1　利益相关者分析图

权力大的 C 和 D 会影响公司的目标；权力大的 C 和利益水平高的 B 在他们不能接受的情况下，会影响公司的成功。A，B，C 和 D 都属于会对公司产生影响的利益相关者，因此管理者有责任告知他们企业的策略和行动。

表 4-1 是不同利益相关者在权力和利益水平方面的具体表现。

表 4-1　利益相关者在权力和利益水平方面的具体表现

利益相关者	权力		利益水平	
	大小	具体表现	高低	具体表现
股东	很大	负责技术创新战略的制定与决策，投入创新资金，参与创新过程的管理	很高	对股利、分红、长期收益以及长期发展的预期，包括成就、威望、社会地位等
高管人员	很大	创新项目论证与决策，战略制定，技术创新管理	较高	对股利、分红、长期收益以及长期发展的预期，包括威信、荣誉、成就等
员工	很大	技术创新的实际操作	较高	晋级、奖金等荣誉
用户	很大	直接参与实践过程，不断提出意见与建议	很高	需求尽可能被满足，特殊权益和资源保障

续表

利益相关者	权力		利益水平	
	大小	具体表现	高低	具体表现
代理商	较大	负责产品销售推广，不断反馈信息	较高	在利润、管理等多方面得到总部支持
竞争对手	较大	引导行业的创新发展方向，相互竞争的威胁作用	较低	在技术、思想等多方面学习与借鉴，促进技术创新
合作者	很大	掌握技术平台，决定技术标准，提供重要的人力、技术等资源	很高	丰厚的回报，市场得到拓展
政府	较大	立项、评奖政策、资金支持	较高	推动行业及社会经济发展，促进就业等

【案例1】某 IT 企业利益相关者分析

某 IT 企业因为业务拓展要在中国建厂，从而形成规模效应，降低成本。政府提供的税收、土地使用、厂房建设等方面的支持是工厂选址的重要考虑因素，因此政府是该项目的重要利益相关者。同时厂房建成后，企业能够提供大量的就业岗位并纳税。工厂的建立不仅与企业一方相关，还会涉及众多供应商。如果该生产基地为保税区，还要考虑这些供应商是否具备进入保税区的资质，它们是否需要在当地建立仓储基地，承担更多的成本，这时供应商是权力和利益水平较高的相关者。企业生产不会对当地的环境产生不利的影响，但在工厂建设期间可能会给当地居民造成不便，出于社会责任，企业应该告知这些权力和利益水平都不是很高的相关者，让该地区居民能够放心生活，并配合工厂的建设。

这些因素看上去不会产生直接的财务效果，但是如果没有界定清晰，未采取恰当的措施，有可能会带来不可估量的财务损失。

三、可实施性

首先，预算目标的制定要考虑可计量的项目，如利润、销量、毛利率、交付时间等。接着计算业务部门的效率或效能，如员工人均利润、准时交付率、资产收益率。最后实现管理层要求营运部门或分部达到的绩效，即符合 SMART 原则：

（1）具体的（specific），明确清晰；

（2）可衡量的（measurable），能够获得相关数据；

（3）可实现的（attainable），在企业的能力范围内；

（4）相关的（relevant），与企业的目标有关；

（5）有时间限制的（time bound），绩效必须在规定期限内完成或考核。

根据以上原则可以为企业设置具体的预算目标，但是企业在发展的过程中会出现成本中心、利润中心、投资中心，如何将不同类别的预算目标设置成为公司战略下的统一目标，而不是每个部门的松散目标，就成为管理者需要解决的难题。结合之前讲到的预算方法，可以将自上而下的预算和自下而上的预算结合起来，既保证分部门的自主权，又保证整个公司目标的一致性，分部门的目标是为公司目标服务的，同时这些目标也是管理者容易控制的。

第 2 节　财务流程

一、了解价值链

在介绍价值链之前，先简单介绍价值驱动因素。价值驱动因素（value drivers）是可以提高客户对产品或服务的感知价值，从而为生产者创造价值的活动或功能。价值驱动因素可以是有形的，也可以是无形的。例如，一家电子零售商可以拥有多个价值驱动因素，包括单一产品进行组合、方便合理的商店位置、知识渊博又态度友善的员工。这些价值驱动因素将吸引客户到零售商的商店，并帮助零售商获得竞争优势。因此识别企业的价值驱动因素在企业管理和运营中显得尤为重要。

波特的价值链模型能帮助我们识别企业的价值驱动因素，如图 4-2 所示。

价值链（value chain）是由企业一系列互不相同但又相互关联的生产经营活动构成的一个创造价值的动态过程，是识别组织内部和周围活动的一种手段，与竞争力的评估有关。当资源没有被合理安排在系统中时，资源本身不会产生任何价值。一旦资源被合理部署在系统中，它们就能够生产出受客户重视和喜爱的产品。因此，波特认为，对战略能力的理解从识别单独的增值活动开始。

价值链将企业的经营活动分为两类：基础活动（primary activi-

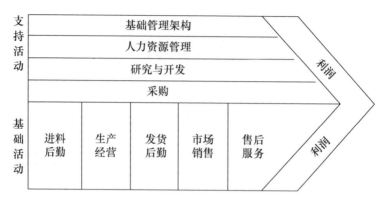

图 4 - 2   波特价值链模型

ties）和支持活动（support activities）。

基础活动通常发生在产品从实际创造向买方转移过程中以及任何售后服务中。波特将其分为五类，包括：

（1）进料后勤（inbound logistics）：是指与接收、储存和分配产品有关的活动，包括材料处理、库存控制和运输。

（2）生产经营（operation）：是指将这些不同的原材料转换为最终的产品加工、组装、测试和控制设备的活动。

（3）发货后勤（outbound logistics）：是指与收集、储存和分发产品给买家相关的活动。

（4）市场销售（marketing and sales）：是指提供消费者和顾客了解产品的渠道和促进销售的活动，包括销售管理、广告、销售等。

（5）售后服务（service）：是指提高或保持产品价值的活动，包括安装、维修、培训和售后服务。

支持活动与每一项基础活动都有关联，分为四类，包括：

（1）采购（procurement）：是指获取各种资源并将其输入基础活动的过程，它贯穿整个组织。

（2）研究与开发（technology development）：所有价值活动都有技术含量，研究与开发可能会影响产品设计和流程，以及处理材料和人工的方式。

（3）人力资源管理（human resource management）：几乎涉及业务的所有领域，包括组织的人员招聘、管理、培训、绩效考核、发展、奖励和解雇。

（4）基础管理架构（firm infrastructure）：是指计划、财务、质量控制、信息管理等系统。所有这些对组织在主要活动中的表现都至关重要。此外，还包括维持组织文化的结构和惯例。

总体来说，基础活动和支持活动旨在通过获取资源并使用它们来生产具有更大价值的产品或服务，帮助企业实现价值。价值链可以帮助管理者准确地了解组织所做的事情，确定业务中为客户增加价值的关键流程，节省组织的时间和金钱。

价值链为企业进行经营分析提供了思路，通过对企业活动的分解对各类活动进行分析。在分解企业活动时应当注意以下原则：

（1）对企业的战略有较大的影响。比如企业实行差异化战略，主要通过研发活动来实现，应当将其单独作为创造价值的活动并进行细分，比如前期调研活动、开发活动、测试活动等。

（2）对相似内容的工作进行整合，比如公司每个部门都需要招聘，那么招聘就不是价值环节中的基础性活动，而应该视为支持性活动。

（3）在划分价值链环节的时候还要考虑成本占比较大或者潜在风险较高的部门，比如某些行业受政策影响很大，就需要考虑公关部门是否应该单独划分。

由于价值链主要是对企业内部活动进行分解，而这些内部活动涉及成本费用，因此我们主要将价值链用于经营分析中的成本费用分析。

例如，微软如果采用价值链活动分类原则，可以发现它的活动几乎不涉及传统的生产制造活动。最重要的为研发活动，通过研发形成公司的核心竞争力，实现差异化。进一步分析能够发现研发活动中成本占比最大的是人力成本，由此可以确定经营分析中成本分析的重点——人力成本。

再如第 2 章案例 2 中的 A 企业注重客户关系管理，因此与客户相关的活动成为分析的重点，包括选址、购置设备、人力资源活动等。因此成本可以划分为选址成本、设备购置成本、人力成本；人力成本又进一步分为私教成本和会籍人员成本。

通过价值链，可以将企业内部活动分为增值活动和不增值活动，从而进行有效的成本费用分析，告诉企业管理者"哪些活动对企业所做贡献较大""哪些活动成本高但收益不高"，帮助管理者调整决策，改善经营模式。

二、销售到收款

了解了价值链，就可以根据价值涉及的相关环节来设计财务管理和控制点，随着 ERP 系统在公司管理中的应用，标准的财务核算流程应运而生。首先要了解从销售到收款所涉及的流程。根据商业模式和公司战略确认产品销售模式和收入确认原则，除了这些，还需要了解订单是如何一步一步地确认并最终转化为应收账款的，应收账款又是如何转为收入的。

OTC（order to cash）流程从对潜在客户的初始信用调查开始，一旦客户为货物或服务付款，公司收到现金，该流程就终止了。OTC 业务流程可能会影响以下几个方面：客户、分销、财务和会计、运营、销售和市场推广。高效率的 OTC 业务流程可以节省资金，将资金用于高增值业务，通过减少外部融资来提高盈利能力，降低债务利息支出和债务与股权比率。这样公司的信用评级可以得到提升，银行会降低公司的融资费率。例如，对于 100 亿美元的营业收入来说，如果可以把应收账款回收天数减少一天，则贷款额和财务费用可分别减少 4 000 万美元和 240 万美元。此外，还可以减少用于管理催款的行政开支。应收账款回收天数增加，催款的工作量也会加大，时间越长，客户无力支付的风险就越高。

运营会计需要在监控收入的同时了解订单的情况，更好地把握收入确认的时间和状况。例如，对于一个标准的销售流程，需要了解以下信息：

（1）有多少订单还未发货或部分发货；

（2）有多少订单因为不完整或有交货、开票的问题而不能后续处理；

（3）有多少订单发货过账未完成；

（4）有多少订单已发货过账但未开票；

（5）有多少订单已开票未打印；

（6）有多少订单已打印发票但未过账到财务。

三、采购到付款

除了销售到收款的流程，采购到付款是公司管理的另一个流程。同样，了解这个流程也要了解公司的商业模式和战略，同时清楚公司价值链，了解从采购到付款的每一个环节，对其财务价值进行梳理并不断优化。

PTP（procure to pay）流程从采购计划开始，业务部门或仓库管理部门提出采购申请，采购部门进行询价，初步确定供应商的选择范围。然后安排竞标投标，确定供应商。接下来与供应商签订采购合同。最后由采购人员编制采购订单，确认采购业务。同时采购人员将商品分批运回企业，并监督运输过程。验收部门根据采购订单及采购合同进行验收，检查商品质量、数量等。财务人员对采购申请、采购订单、采购合同、验收单、入库单等各环节进行监控，做相应的财务处理并付款。

随着科技手段和电算化程度的不断提高，采购、发票、对账等环节都将迎来数字化转型，从而大大提升从采购到付款流程的效率。

四、数据到报告

有了从销售到收款的信息和从采购到付款的信息，财务的主要单据记录和信息通过系统呈现为序时账、明细账和总账，可以通过金蝶、用友等财务软件轻松获得资产负债表、利润表、现金流量表。除三大表之外的那些有助于企业管理的财务数据、非财务数据以及报告，需要财务人员根据企业的商业模式、战略目标来梳理和确认。

RTR（record to report）流程从设计报告每一个元素开始，分析公司每个业务环节，并在这些环节中设置关键指标，对这些指标进行计算、调整。在这个过程中要注意确保数据的有效性。部门和部门之间经常会对数据产生分歧，因此如何保证所有报告都使用统一口径的数据是一个挑战，使用同一时期的数据对报告的及时性和有效性提出较高的要求。

第 3 节　差异分析和营运能力分析

一、差异分析

运营会计在了解价值链的各个环节、设定财务各流程的控制点和预算目标之后，就要进行分析，其中最简单的分析就是差异分析，即对预算目标和实际业绩的差异进行比较。好的差异分析有利于公司财务健康发展，比如实际成本小于预算，企业要知道是节约造成的，还是偷工减料造成的，如果不分析具体差异的原因，只是看到成本小于预算就下结论，可能会导致不良的后果。我们可以用此类方法层层拆解，进行差异分析，如图 4-3 所示。

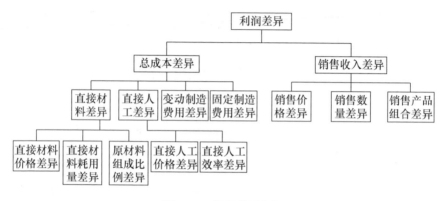

图 4-3 逐层差异分析

在拆解分析的过程中，我们要重点关注以下方面：

（1）可以根据财务目标的元素进行拆解，并对预算和实际的情况进行比较。要落实好这项工作，需要先了解公司财务的核算维度和颗粒度，也就是要了解公司 OTC，PTP，RTR 流程和流程中的每一个环节，找出相关联的指标进行分解，保证目标一旦制定，可以通过相应的手段获取相关颗粒度信息。另外，要根据核算的颗粒度来制定相应的预算目标，不要想当然地制定一些预算目标，最后发现这些目标不可核算、无法衡量。

（2）基本的差异可以分为量差、价差、结构差。差异的分析大体可以从这三个方向进行。对采购量、耗用量、销售量的偏差，采购价格、存货成本、销售价格的偏差，以及这些复杂组合的权重进行分析，然后排序，找到核心指标，再进一步进行拆解和分析。

（3）根据不同时间段的情况，考虑指标的季节性因素。指标不是一成不变的，很多行业都有季节性特点，比如零售业会受"双十一""618"等大型促销活动的影响，因此如何安排合理的材料采购时间，保证适当的生产和库存水平是运营会计面临的一项挑战。

二、营运能力分析

营运活动是企业投资活动、筹资活动和股利分配活动以外的所有交易和事项。营运能力的好坏是公司 OTC，PTP，RTR 流程效率的体现。企业的营运管理要关注三大项目：存货、应收账款和现金。一般通过营运能力比率对企业营运能力进行分析，这些比率反映了企业资产管理效率。

（一）存货管理分析

企业经营中，存货应当保持适当的持有量，过多会降低资金使用效率，增加储存成本；过低则会面临缺货风险。因此，存货要既能满足生产经营的需求，又使持有存货的总成本最低。一般用存货周转率和存货周转天数这两个指标来衡量存货管理情况。

1. 指标

（1）存货周转率。存货周转率是企业在单位时间内（一般是一年）存货周转的次数，反映了存货周转的速度。企业存货周转率越高，周转速度越快，企业营运能力越强。因此，存货周转率与企业营运能力密切相关。

$$存货周转率＝营业收入÷存货$$

存货周转率是衡量企业供、产、销环节存货管理效率的综合指标，反映了企业营业收入与存货之间的关系以及存货的周转速度。但存货周转天数不是越少越好，存货过多会浪费资金，存货过少不能满足流转需要。因此在特定的生产经营条件下应保持一个最佳的存货水平。

（2）存货周转天数。存货周转天数是企业从购入材料、进行产品加工到售出的天数，受到企业原材料周转天数、生产周期和产成品库存的影响。

$$存货周转天数＝360÷存货周转率$$

在现实中，存货周转天数要考虑行业的特点和产品差异。不同行业中产品的存货周转天数有不同的标准。例如，快消行业，存货周转天数比较短，存货周转速度较快。而白酒行业，贵州茅台集团生产的茅台酒具有年份越长价值越高的特点，所以其存货周转天数高于其他企业，但这并不意味着茅台的营运能力不如其他白酒企业。

2. 关注点

（1）存货的构成。存货种类繁多，周转情况千差万别。应当注意判断每种产品的市场状况，以及对外部环境的敏感度，明确企业的盈利来源，关注企业的资源配置。应当关注原材料、在产品、半成品、产成品和低值易耗品之间的比例关系。

（2）存货的计价方法。不同的存货计价方法会导致企业报告不同的利润和存货资产，并对企业的税收、现金流量以及偿债能力产生影响。

（3）存货的周转情况。判断存货质量的一个标准是存货是否能在短期内变现。应当注意两点：①销售具有季节性的存货，应使用各月平均存货量；②注意存货发出的计价方法，不同计价方法导致的差异与经济实质无关，应当进行调整。

（4）存货的可变现净值与账面价值之间的差异。从财务分析的角度，应当关注存货在未来期间能够为企业带来的经济资源流入。企业应当以取得的可靠证据为基础，并且考虑持有存货的目的、资产负债表日后事项的影响等因素，来确定存货的可变现净值。

（5）存货管理的同业比较分析。同业比较分析，指将企业存货指标的实际值与同行业的平均值进行比较分析。企业应当将自己的存货指标与行业内其他企业进行比较，做出决策。

（二）应收账款管理分析

企业既要通过赊销来扩大销售，又要使持有应收账款的成本最低。一般通过应收账款周转率和应收账款周转天数两个指标来衡量应收账款管理状况。

1. 指标

（1）应收账款周转率。应收账款周转率是指企业在一定时期内（通常为一年）应收账款转化为现金的平均次数。它是用于衡量应收账款流动程度的指标。

应收账款周转率＝营业收入÷应收账款

应收账款周转率越高，应收账款周转速度越快，表明企业营运能力越好。

（2）应收账款周转天数。应收账款周转天数也叫平均收现期，反映企业从取得应收账款的权利到收回款项、转换为现金所需要的时间。

应收账款周转天数＝360÷应收账款周转率

应收账款周转天数越少，表示应收账款周转速度越快，即企业流动资金使用效率越高。

2. 关注点

（1）应收账款坏账准备的计提。财务报表上列示的应收账款是计提坏账准备后的净额，因此，计提的坏账准备越多，应收账款周转率越高、周转天数越少。但这种改善不是业绩改善的结果，反而表明应收账款管理欠佳。企业应当结合自身业务情况、历史坏账情况和可比公司综合考量，制定坏账政策。

（2）总量及发展趋势。应收账款作为企业的一项重要流动资产，其金额多少与企业的周转资金密切相关。应收账款过多，企业的资金会减少，严重时会导致资金链断裂；而应收账款过少，可能会影响企业的销售额和毛利。因此，企业应当关注应收账款，防止其过高，产生风险。

3. 副作用

（1）增加企业的持有成本。应收账款在给企业带来收益的同时也带来了持有成本，包括机会成本、管理成本和坏账成本。机会成本可以用应收账款平均占用额和机会成本率来衡量；管理成本包括事前的客户调查、事中的账龄分析和事后的收账成本；坏账成本可以用赊销额度和坏账损失率来计量。

（2）增加现金流出。赊销并没有使现金流入增加，反而导致企业不得不用有限的流动资金来垫付各种税金和费用，加速企业的现金流出。

（3）影响资金循环。营业周期的长短取决于存货周转天数和应收账款周转天数，不合理的应收账款将延长营业周期，影响企业的资金循环。

（三）现金管理分析

现金是流动性最强的资产，适当的现金持有量是企业开展正常生产活动、避免支付危机的必要条件，可以降低现金持有成本，提高资产获利能力。一般通过现金流量及结构分析来评价企业营运状况，主要关注以下几点：

（1）现金流量的趋势。一般可以选取最近两期或数期的数据进行比较，分析企业现金流量的变动趋势。具体分析时，可以采用横向比较分析或纵向比较分析。

横向比较分析是对现金流量表每个项目的本期或基期金额进行比较，解释差距，观察和分析企业现金流量的变化趋势。纵向比较分析是将各期报表换算成结构百分比的形式，分析各项目所占比重的变化趋势。对现金流量表进行分析，应分别对各项现金流入量和现金流出量进行结构分析。

（2）现金流量的方向。每种活动产生的现金净流量的方向不同，所以会产生不同的现金流量结果，进而会对企业的财务状况产生重要的影响。一般分经营活动、投资活动和筹资活动三方面进行分析。

（3）现金流量的结构。分别计算经营活动现金流入、投资活动现金流入和筹资活动现金流入占现金总流入的比重，了解现金流入的主要来源。再分别计算经营活动现金流出、投资活动现金流出和筹资活动现金流出占现金总流出的比重，了解企业的现金具体用在哪些方面。一般而言，经营活动现金流入占现金总流入的比重大、经营活动现金支出占现金总支出的比重大的企业，经营状况较好，财务风险低，结构较为合理。

（4）同业对比分析。同业对比分析是将本企业的现金流量指标和同行业其他企业的同一指标平均值进行对比分析，判断本企业指标有无异常。同业现金流量分析是在企业内部现金流量分析的基础上，通过与同行业其他企业同一指标的平均水平进行比较，解释企业现金流量变化的经济实质。

【案例2】A公司现金状况分析

1月1日，A公司购买价值500元的商品；1月5日，A公司支付货款。1月20日，B公司从A公司购买了这批商品，但没有支付货款。2月5日，B公司向A公司支付800元。

【解析】

本例中，A 公司在 1 月 1 日新增应付账款 500 元，1 月 5 日支付货款，应付账款周转天数为 4 天。到 1 月 20 日才将商品出售，即存货周转天数 19 天，应收账款 800 元。2 月 5 日收到货款，即应收账款周转天数 15 天。整个流程中，现金周期为 30 天。

三、偿债能力分析

偿债能力是反映企业财务状况和经营能力的重要标志，是企业能否健康生存和发展的关键。债务按照到期时间一般分为短期债务和长期债务，因此偿债能力分析分为短期偿债能力分析和长期偿债能力分析。

（一）短期偿债能力分析

短期偿债能力是企业以流动资产偿还流动负债的能力。如果企业具有较好的流动资产组合，就能按期偿还债务，避免财务危机。

1. 指标

（1）流动比率。流动比率是流动资产和流动负债的比率，它假定全部流动资产都可以用来偿还流动负债，表明每 1 元流动负债有多少流动资产作为偿债保障。如果流动比率偏低，则企业可能无法按时支付货款、发放工资、缴纳税款，不能以现金分配利润。

流动比率＝流动资产÷流动负债

　　流动比率计算简单，并且是相对数，排除了企业规模的影响，适用于同业比较以及企业不同时期的比较。需要注意的是，不存在统一、标准的流动比率。不同行业的流动比率有明显的差别。一般而言，营业周期短的行业，合理的流动比率比较低。通常认为企业合理的流动比率为2，但随着企业经营环境及商业模式的不断变化，流动比率有下降的趋势。

　　如果流动比率相较于上年发生较大变动，或者与行业平均值相比存在重大偏离，就应该对构成流动资产和流动负债的各项目进行分析，寻找形成差异的原因。但要注意，流动比率存在局限，因为其假定全部流动资产都可以变为现金并用于偿债，全部流动负债都需要还清。实际上，有些流动资产的账面金额与变现金额有较大的差异，或者有些经营性应付项目无须用现金全部结清。因此，流动比率只是对短期偿债能力的粗略估计。

　　（2）速动比率。速动比率是速动资产与流动负债的比率。构成流动资产的各个项目的流动性差别很大，可以在较短时间内变现的称为速动资产，如货币资金、各种应收款项等；其余的流动性较差的资产称为非速动资产，包括存货、预付款项等。因为非速动资产在变现的金额和时间上有很大的不确定性，所以假定速动资产为可偿债资产，在衡量企业短期偿债能力时更为可信。

$$速动比率＝速动资产÷流动负债$$

　　和流动比率一样，不同行业的速动比率差别很大。例如大量现销的商业企业几乎没有应收款项，速动比率普遍低于 1；但应收款项比较多的企业，其速动比率很可能大于 1。

影响速动比率可信度的重要因素是应收款项的变现能力。因为应收款项未必都可以变现，实际的坏账可能比计提的准备多；有些企业的收入受季节性变化的影响，应收款项金额不能反映平均水平。一般而言，在计算速动比率时要从流动资产中减去待摊费用、待处理财产损溢和预付款项等。

（3）现金比率。现金比率是现金与流动负债的比率。现金是流动性最强、可直接用于偿债的资产，因此现金比率最能反映企业直接偿付流动负债的能力。

现金比率＝现金÷流动负债

就偿债能力而言，现金比率越高越好，但是如果该比率过高，就意味着企业的现金资产未能得到合理运用，企业持有现金的机会成本增加。

（4）现金流量比率。现金流量比率是经营活动现金流量净额与流动负债的比率。经营活动现金流量净额代表企业创造现金的能力，扣除了经营活动所需的现金，是可以用来偿债的现金流量。

现金流量比率＝经营活动现金流量净额÷流动负债

在计算现金流量比率时通常使用流动负债期末数，因为实际需要偿还的是期末金额而不是平均金额。该比率越大，表明公司的短期偿债能力越强。用经营活动现金流量金额来反映偿债能力更有说服力。因为它克服了可偿债资产未考虑未来变化及变现能力等问题，并且实际支付债务的通常是现金，而不是其他可偿债资产。

2. 影响短期偿债能力的其他因素

（1）增强短期偿债能力的表外因素

①可动用的银行授信额度。企业尚未动用的银行授信额度，可以随时借款，增加企业现金，提高支付能力。

②可快速变现的非流动资产。企业可能有一些可以随时出售变现的非经营性长期资产，它们未必会列示在"一年内到期的非流动资产"项目中。例如，储备的土地、出租的房产。

③偿债能力的声誉。如果企业信用记录优秀，在偿债方面出现困难时，比较容易筹集到资金。

（2）降低短期偿债能力的表外因素。

①与担保有关的或有负债。如果该项目金额较大并且很可能发生，在评估短期偿债能力时要多加关注。

②经营租赁合同的承诺付款事项。该事项很可能变为偿付义务。

（二）长期偿债能力分析

长期来看，所有的债务都是要偿还的。分析长期偿债能力时关注的是总资产、总债务和股东权益之间的关系。

1. 指标

（1）资产负债率。资产负债率是总负债与总资产的比例，它反映的是总资产中有多大比例是通过负债取得的。资产负债率越低，企业偿债越有保证，负债越安全。

资产负债率＝总负债÷总资产

通常，资产负债率反映企业的举债能力。一个企业的资产负债率越低，越容易举债。资产负债率高到一定程度，就说明该企业的财务风险很高，无人愿意提供贷款，该企业的举债能力已经丧失。

（2）产权比率和权益乘数。产权比率和权益乘数是资产负债率的另外两种表现形式，和资产负债率的性质一样。产权比率表明每 1 元股东权益配套的总负债的金额。权益乘数表明每 1 元股东权益配套的总资产的金额。

产权比率＝总负债÷股东权益

权益乘数＝总资产÷股东权益

（3）长期资本负债率。长期资本负债率是非流动负债占长期资本的百分比，反映公司的资本结构。由于流动负债的金额经常变化，非流动负债较为稳定，通常使用长期资本结构来衡量。

长期资本负债率＝非流动负债÷（非流动负债＋股东权益）

（4）利息保障倍数。利息保障倍数反映的是企业息税前利润与利息费用之间的倍数关系。长期负债通常不需要每年还本，但要每年付息。利息保障倍数表明每 1 元利息费用需要多少倍的息税前利润作为偿付保障，它反映债务风险的大小。利息保障倍数越大，利息支付越有保障。如果连利息支付都缺乏保障，归还本金就更难指望了。

$$利息保障倍数＝息税前利润÷利息费用$$

$$＝(净利润＋利息费用＋所得税费用)÷利息费用$$

其中，分子的"利息费用"是指计入本期利润表财务费用的利息费用；分母的"利息费用"指本期全部应付利息，不仅包括计入利润表财务费用的利息费用，还包括计入资产负债表固定资产等的资本化利息。

（5）现金流量利息保障倍数。现金流量利息保障倍数反映的是经营活动现金流量净额与利息费用的倍数关系，它是现金基础的利息保障倍数，表明每1元利息费用需要多少倍的经营活动现金流量净额作为支付保障。

$$现金流量利息保障倍数＝\frac{经营活动现金流量净额}{}÷利息费用$$

现金流量利息保障倍数比利润基础的利息保障倍数更可靠，因为实际支付利息的是现金而非利润。

（6）现金流量与负债比率。现金流量与负债比率指经营活动现金流量净额与负债总额的比率，反映的是企业用经营活动现金流量净额偿付全部债务的能力。比率越高，企业偿还负债的能力越强。

$$现金流量与负债比率＝经营活动现金流量净额÷负债总额$$

一般而言，公式中的负债总额使用期末数而不是平均数。

2. 影响长期偿债能力的其他因素

（1）长期租赁。当公司的经营租赁金额较大、期限较长或经常

发生时，就形成一种长期性融资，在这种情况下，到期支付租金势
必会对公司偿债能力产生影响。

（2）债务担保。担保项目的时间长短不一，有的影响公司的长
期偿债能力，有的影响公司的短期偿债能力，在分析时要判断担保
责任可能带来的影响。

（3）未决诉讼。未决诉讼一旦判决败诉，就可能影响公司的偿
债能力，因此在评价公司的长期偿债能力时要考虑其潜在影响。

本章要点

1. 预算目标的制定需要考虑哪些因素？

预算目标的制定需要考虑财务指标和非财务指标、利益相关者，
以及可实施性。

2. 价值链模型为经营分析提供了怎样的思路？

价值链模型提供的思路是：按照一定的原则对企业重要的增值
活动进行层层分解，从而为经营分析提供依据，帮助企业确定分析
重点。

3. 营运能力分析要看哪些指标？分别有什么含义？

营运能力分析分为存货管理分析、应收账款管理分析、现金管
理分析三方面。存货管理分析的主要指标为存货周转率和存货周转
天数。应收账款管理分析的主要指标是应收账款周转率和应收账款
周转天数。现金管理可以从现金流量的趋势、结构、方向等方面进

行分析。

4. 偿债能力分析要看哪些指标？

反映短期偿债能力的指标有流动比率、速动比率、现金比率、现金流量比率；反映长期偿债能力的指标有资产负债率、产权比率和权益乘数、长期资本负债率、利息保障倍数、现金流量利息保障倍数、现金流量与负债比率。

第 2 篇　实战篇

第 1 篇介绍了新时代背景下财务管理体系的诸多方面。第 2 篇作为承上启下的关键部分，将结合案例与 Power BI 工具讲解财务预测与分析、实战中的盈利预测与分析，从收入、成本与费用三个维度详细介绍盈利预测方法及分析思路。希望读者通过对这部分内容的学习，在实战方面更加游刃有余。

财务预测与分析

学习目标

- 了解财务预测的含义和内容

- 了解财务预测的意义和方法

- 理解传统财务预测存在的问题

- 掌握盈利预测的基本步骤和方法

- 掌握 What-If 模型的应用

- 掌握杜邦分析法

- 理解价值管理和经济附加值

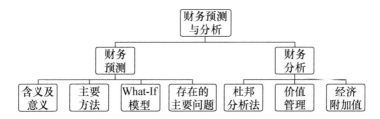

第 4 章介绍了管理会计体系中运营会计需要掌握的基本知识，预算目标的制定原则，基于价值链的财务流程，差异分析、营运能力分析以及偿债能力分析。我们已经在理论层面了解了管理会计的具体工作，并感受到管理会计在企业发展中所发挥的作用。本章将介绍具体的财务预测与分析的方法。

第 1 节　财务预测的基本方法

一、财务预测的基本概念

（一）财务预测的含义与内容

通过第 1 篇的具体分析，我们对企业的经营情况与盈利能力，以及它们之间的关系有了更深入的了解。通过全面深入地分析经营活动现状，管理人员会就发现的问题提出下一年度增收节支的方案和具体措施。在此基础上，财务人员结合企业外部的各种变化因素，对企业未来几年的财务结构、损益情况和资金流动进行预测和模拟，这项工作就称为财务预测（financial forecast）。其中，盈利预测是财务预测中非常重要的一部分，包括销售收入预测、成本预测和费用预测。我们将在第 6～8 章重点介绍。

其他一些预测也会对企业经营活动产生重要影响，例如：

1. 营运资金预测

从财务管理的角度来说，营运资金＝经营性流动资产－经营性流动负债。一个企业要维持正常的经营就必须有适量的营运资金。预测营运资金时，一般假设第 2 年的流动资产（负债）周转率保持不变，如应收账款周转率＝赊销销售额/应收账款平均值，再通过对营业收入（成本）的预测倒推出第 2 年需要的净经营性流动资产，即营运资金。

2. 资本性支出预测

资本性支出通常分为扩张性资本性支出和维护性资本性支出。扩张性资本性支出重在"扩张"，是企业为扩大生产规模、提升生产效率发生的必要支出，如购置机器设备、开设新店、建设新生产线。维护性资本性支出重在"维护"，是企业为了维持现有的生产规模和生产条件所发生的支出，如旧设备改良。可以通过分析资本性支出占销售收入的比例来预测资本性支出。但如果有大型的扩张性项目，如开设新店，就需要单独分析。

3. 融资需求预测

企业为了持续地生产经营、投资或调整资本结构，需要对未来所需资金量做出估计和预测。通过对融资需求的预测，企业可以清楚自己的财务需求，确定外部融资需求量，从而及时制定融资计划。主要采用定性和定量的方法预测融资需求，如采用销售百分比法、回归分析等方法预测外部融资需求。

（二）财务预测的意义

为什么要做财务预测？财务预测的目的是什么？有什么意义？

财务预测其实非常重要。一个企业的现金总是有限的，如果不对资金的使用、分配和筹集进行预测和规划，可能会在实际生产经营中造成大量资金浪费，甚至负债累累，不利于企业持续健康发展。财务预测的意义包括以下三点：

（1）财务预测使公司对未来的资产状况、经营成果、现金流量有更清晰的把握，据此深入挖掘生产经营潜力，提升公司利润，为股东创造更多的价值。

（2）财务预测是企业编制财务预算的基础。企业每年度编制严格的销售预算、生产预算等，用于指导生产、经营活动，同时进行业绩考核。

（3）财务预测使财务人员全面分析、评估企业面临的经营风险和财务风险，进行有意义的敏感性分析，从而减少企业的损失。

（三）财务预测的主要方法

财务预测主要有定性预测法和定量预测法。二者各有优缺点，在实际工作中可把二者结合起来使用。

定性预测法建立在经验判断上，可以通过专家访谈、座谈会、现场调研等方式做出预测。

定量预测法则是依据事物各个因素、属性的数量关系进行预测。定量预测法有很多种，比如时间序列法、因果关系法、统计规律法。

时间序列法是基于历史时期的财务数据，采用求平均或者平均值加一定增长率的方法，确定收入和成本的预测值。比如，预测销售收入时，如果预计企业业绩增长较稳定，可以取前几年的平均增长率作为未来5年销售收入的增长率。

　　因果关系法又称相关法，是通过分析影响事物发展变化的内部和外部因素对项目的变化趋势进行预测。比如，由于应收账款一般与企业销售收入正相关，销售收入越高，应收账款越多，因此，可以通过预测销售收入和分析二者的比例关系来预测应收账款。

　　统计规律法是将数理统计的理论和方法运用在财务预测中，广泛应用的是回归分析法。随着大数据时代的到来，运用大数据辅助预测、提升预测的精准性已成为发展趋势。比如，以前在销售预测中，企业一般运用时间序列法，很少有企业真正对市场和消费者的需求进行分析、预测。大数据、物联网技术的出现为此提供了可能性。

　　（四）预测调整与预测管理：What-If 模型

　　What-If 模型，又称"如果－那么"模型，是一种敏感性分析工具。随着信息技术和商业智能的发展，What-If 分析可以与 Power BI 等数据分析工具结合起来，更清晰地展现某一因素或者某一假设的改变对企业利润的影响。

　　置身这个充满变化的时代，企业所处的商品市场（原材料价格、产品价格等）和企业的生产技术条件（原材料消耗等）可能随时面临变化，这些改变必将影响企业创造的利润，所以企业必须预测有关因素变化的影响程度，这样才可以在变化发生时及时采取对策，调整生产经营计划。

　　（五）传统财务预测存在的主要问题

　　财务预测对企业非常重要，但在我国企业实务中存在很多问题：

（1）我国现阶段的法律法规只要求上市公司提供盈利预测，但对实务中编制盈利预测的程序、方法等没有具体的规定和要求。

（2）我国大多数企业关注收入预测，对成本和费用的预测和控制不够重视。在实务中，财务人员往往对成本费用进行简单的填数，降低了财务预测的准确性和合理性。

鉴于此，财务预测中的关键部分——盈利预测强调关注企业业务经营情况。下一部分将介绍企业盈利预测的基本步骤和方法，通过具体案例将理论与实务联系起来，便于读者加深理解。需要再次说明的是，本章与前面章节的经营活动分析有着密切的联系，属于上下承接的关系，财务人员只有深入了解企业当前的商业模式和经营活动情况，才能对未来进行合理的预测。

二、盈利预测

对企业来说，商业模式、生命周期不同，盈利预测的方式也不甚相同。根据矛盾论，每一矛盾都具有斗争性和同一性。因此，怎样在庞杂的盈利预测中找到具有同一性的规律是重点和难点。

现行企业的盈利预测主要有两种方法：收入起点法和目标利润法。

收入起点法是把收入预测作为一切财务预测的起点，再根据销售与生产、经营管理活动的关系进行成本、费用的预测。

目标利润法是企业实行目标管理的一种方法，以管理会计中的保本点与保利点分析为理论基础。利润最大化一直是每个企业追求的目标。企业不应满足于盈亏平衡，还要有盈利目标，否则就无法生存和发展。在保利点分析中，企业首先预测目标利润，然后预测固定成本费用，再根据边际贡献率（边际贡献率＝（单价－变动成本）/单价）预测目标收入。预测边际贡献率时，一般选择历史平均值，或是在此基础上增加或减少一定比例。

$$保本额 = \frac{固定成本}{单价 - 单位变动成本} \times 单价 = \frac{固定成本}{边际贡献率}$$

$$保利额 = \frac{固定成本 + 目标利润}{单价 - 单位变动成本} \times 单价$$

$$= \frac{固定成本 + 目标利润}{边际贡献率}$$

【案例】A 商学院商业课程的盈利预测与 What-If 模型应用

2018 年年末，A 商学院计划在 2019 年继续开设深受学员欢迎的商业课程。商业课程的单价为 7 500 元，时间 15 天，折扣 5%。新一期预计招收 256 人，开设 4 个班级，计划聘请教授 6 人，员工 5 人。

往年财务人员在做该课程的财务预测时，常常是"拍脑袋"决定许多项目的预测金额，或是在往年的营业收入、营业成本、期间费用基础上直接增减一定比例，得到预测毛利和预测净利。这导致第二年年末绩效考评时，财务与业务人员常常就财务预测争得面红耳赤：财务人员认为业务没有达到绩效目标，造成资源的浪费；业务人员则认为问题出在财务预测上，财务人员不了解业务，把预测目标定得太高。

为了真正发挥财务预测事前规划与事中约束的作用，A 商学院管理层希望财务部门今年改善财务预测机制，提高财务预测的有效性。以下是财务部门今年商业课程的财务预测过程。

（一）收入预测

1. 寻找收入驱动因素

收入由哪些因素构成？驱动收入增长的因素有哪些？明年有新产品、新市场吗？对于盈利课程来说，收入主要看课程价格和课程销售的数量，即价与量。结合具体的情况，财务人员确定了商业课程的收入驱动因素：课程价格、课程折扣率和学员数量。

课程收入＝课程价格×(1－课程折扣率)×学员数量

2. 实施收入预测

由于课程价格、课程折扣率和每期学员数量一般保持不变，因此使用历史数据即可。年度收入预测结果如表 5-1 所示。

表 5-1　收入预测结果

	价格（元）	学员数量（人）	总计（元）
报价	7 500	256	1 920 000
课程折扣率（5%）	375	256	96 000
折后价格	7 125	256	1 824 000

（二）成本预测

1. 确定成本预测范围，划分成本项目

通过与业务人员的多次访谈，研究成本信息系统，并结合掌握的资料，财务人员首先梳理、总结出与项目有关的所有成本条目，并把成本分成 7 个大类：教学材料、餐饮、教授课酬、差旅费、活动费用、场地费和其他，如表 5-2 所示。

表 5-2　成本预测范围

教学材料	学员教材	—	差旅费	员工差旅	通信费
	教学课件	—		员工差旅	餐费
	文具	—		员工差旅	洗衣费
餐饮	茶歇费	—		员工差旅	其他
教授课酬	外聘教授	—	活动费用	外请嘉宾劳务	公司
	学院教授	—		外请嘉宾劳务	个人
	其他	—		活动公司费用	—
差旅费	教授差旅	城际交通费		后勤人员	公司
	教授差旅	当地交通费		后勤人员	个人
	教授差旅	住宿费		摄影摄像费	公司
	教授差旅	餐费		摄影摄像费	个人
	教授差旅	其他		速记费	公司
	外请人员差旅	城际交通费		速记费	个人
	外请人员差旅	当地交通费		撰稿费	公司
	外请人员差旅	住宿费		撰稿费	个人
	外请人员差旅	餐费		其他劳务费	公司
	外请人员差旅	洗衣费		其他劳务费	个人
	外请人员差旅	其他		拓展费	—
	员工差旅	城际交通费		其他	—
	员工差旅	当地交通费	场地费	设备租金	—
	员工差旅	住宿费	其他	—	—

在此基础上，结合实际情况，运用成本动因分析法，尽量将每个大类拆分为具体的子类。如教学材料的主要成本动因是学员数量，可以将教学材料分为学员教材、教学课件、文具三类，这三类都能够以学员数量作为预测基准。又比如差旅费，主要成本动因是人数（或天数），可以将差旅费分为教授差旅、外请人员差旅、员工差旅三类，这三类都能够以人数作为预测基准。

2. 整理成本信息，确定成本预测方法

针对每一子类成本项目，需要详细商讨、确定成本预测方法。虽然工作量大，但是从长远来看，只有科学优化、全面改革，才能产生长久的效益。

成本预测的定量方法主要有增量预算法、零基预算法和成本动因法。前两种方法属于绝对量的预测，虽然可以一步到位做出预测，但是忽略了实际驱动成本增长的原因。

因此，在选择成本预测方法时，财务人员选择成本动因法，根据成本构成和成本驱动因素，将每一子类成本项目拆分为"量"与"价"的一般形式。

预测方法如表5-3所示。

3. 实施成本预测

确定成本预测的对象和方法后，进入正式预测的阶段。针对零基预算的成本项目，在考虑往年预测和实际发生的数据基础上，财务人员详细讨论了开支的内容和目的，确定了在合理管控成本

表 5-3　确定成本预测方法举例

教学材料	学员教材		学员数量×教材成本
	教学课件		学员数量×单位成本
	文具		学员数量×单位成本
餐饮	茶歇费		课程天数×学员数量×单位成本
差旅费	教授差旅	城际交通费	教授数量×单位成本
		餐费	天数×教授数量×单位成本
		住宿费	天数×教授数量×单位成本
活动费用	外请嘉宾劳务	公司	零基预算
		个人	零基预算
	拓展费	—	学员数量×单位成本

情形下应该支出的金额。

针对成本动因法预测的成本项目，需要分别预测"量"与"价"，即数量与单位成本。

数量方面的预测直接由业务部门填写且一般保持不变，包括学员数量、教授数量、员工数量、课程天数、班级数量等，如表 5-4所示。

表 5-4　成本项目的数量预测

学员数量	教授数量	员工数量	课程天数	班级数量
286	6	5	4	4

在预测单位成本时，除了参考历史数据，财务人员针对每一项成本详细商讨，尽量挖掘成本降低的潜力，得出全新的标准成本表，如表 5-5所示。

表 5-5 成本项目的价格预测

教学材料	学员教材	教材成本：140 元/人
	教学课件	单位成本：130 元/人
	文具	单位成本：80 元/人

最终，成本预测的结果可以放在一张表格中，如表 5-6 所示。

表 5-6 成本预测结果举例

成本项目	子类一	子类二	预测基准	单博位成本	数量	预算金额
教学材料	学员教材	—	学员数量	140	286	40 040
	教学课件	—	学员数量	130	286	37 180
	文具	—	学员数量	80	286	22 880
餐饮	茶歇费	—	天数×学员数量	35	4×286=1 144	40 040
差旅费	教授差旅	城际交通费	教授数量	6 000	6	36 000
活动费用	外请嘉宾劳务	公司	零基预算	—	—	30 000

（三）费用预测

费用预测步骤与成本预测相同，在此不再具体阐述。

（四）预测的结果

最后的盈利预测如表 5-7 所示。

表 5-7 A 商学院商业课程盈利预测表

预测项目	预测金额	实际金额
收入	×	×
成本	×	×
毛利	×	×
期间费用	×	×
净利润	×	×

　　经过以上步骤，A 商学院商业课程的盈利预测基本结束了。我们发现在财务人员改进的财务预测机制中，业务部门每年只需要填报预测的相关数量单位，这极大地提高了预测的合理性和准确性。

　　经过对商业课程的财务预测的改进，财务人员将预测与业务紧密结合在一起，提升了预测的准确性和合理性。如果预测的利润为负或者较低，财务人员可以通过 What-If 模型进行分析和调整，挖掘盈利的潜力。比如，可以将划分为 8 大类的成本变化与利润变化联系起来。如果 A 商学院考虑改变业务部门预测的数量单位，如学员数量、教授数量，可以将其设置为自变量，将利润作为因变量，用 What-If 模型进行分析和调整。

第 2 节　财务分析的基本方法

一、杜邦分析法

　　杜邦分析法，又称杜邦财务分析体系，简称杜邦体系，因美国杜邦公司成功应用而得名。它是利用各主要财务比率之间的内在联系，对公司财务状况和经营成果进行综合评价的系统方法。杜邦体系的核心是净资产收益率，以总资产净利率和权益乘数为分解因素，重点揭示公司获利能力及杠杆水平对权益净利率的影响，以及各相关指标之间的关系。

（一）核心比率

净资产收益率（ROE）是杜邦体系的核心比率，具有很高的可比性和综合性，可以用于不同公司之间的比较。公司为了提高净资产收益率，可以从如下三个分解指标入手：

$$净资产收益率 = 营业净利率 \times 总资产周转次数 \times 权益乘数$$

$$= \frac{净利润}{营业收入} \times \frac{营业收入}{总资产} \times \frac{总资产}{股东权益}$$

无论提高哪一个比率，净资产收益率都会提高。其中，营业净利率是对利润表的一种概括，表示企业的经营成果；总资产周转次数则把利润表和资产负债率联系起来，使净资产收益率可以综合分析评价整个企业的经营成果和财务状况；权益乘数是对资产负债表的一种概括表述，反映企业最基本的财务状况。换句话说，公司可以通过提升盈利能力、周转效率以及合理配置杠杆来达到股东投资回报率最大化的目的。

（二）基本框架

杜邦分析法的基本框架如图5-1所示。

由图5-1可以看出，杜邦分析法是一个多层次的财务比率分解体系，各项财务比率可以在每个层次与本公司历史或同业财务比率进行比较，然后逐级向下分解，覆盖公司经营活动的每个环节，以实现系统、全面评价公司经营成果和财务状况的目标。这个模型能够给出很好的启示，公司在管理过程中，可以依据这种层层分解的

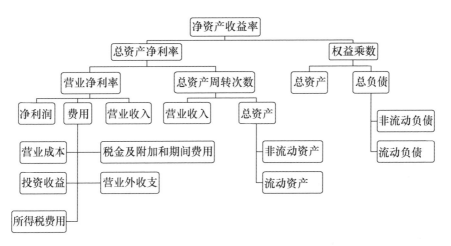

图 5 - 1 杜邦分析法的基本框架

方法来对各部分进行分析，找到解决问题的思路。

杜邦分析法可以将影响净资产收益率的各个关键因素的逻辑关系在净资产收益率这个综合性指标里体现出来。财务分析人员可以依据其基本框架对公司财务进行层层分析，这种分析逻辑性较强，也比较全面。结合预算管理的方法，可以很好地体现因实际情况和预算情况的差异而对整个净资产收益率产生的影响。在确认关键业绩指标，特别是运用财务指标反映公司业绩时，杜邦分析法能够帮助确认关键业绩指标和关键成功因素对综合指标的影响，在运用平衡计分卡等管理技术进行业绩管理中体现得比较明显。

（三）驱动因素分解

采用杜邦分析法对每一个层次的财务比率进行分解之后，通过与上年比较可以识别变动的趋势，通过与同业比较可以识别存在的差距。然后考察引起变动或产生差距的原因，并衡量其重要性，再进行下一步的分析，如图 5-2 所示。

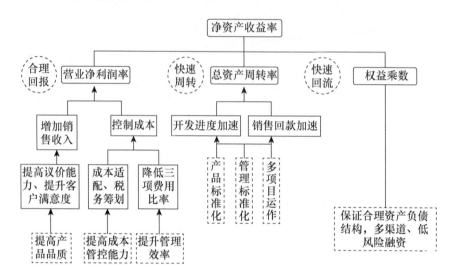

图 5-2　驱动因素分解

（四）局限性

从企业绩效评价的角度来看，杜邦分析法只包括财务方面的信息，不能全面反映企业的实力，必须结合企业的其他信息加以分析。其局限性主要表现在：

（1）对短期财务结果过分重视。这有可能助长公司管理层的短期行为，忽略企业长期的价值创造。

（2）财务指标反映的是企业过去的经营业绩。杜邦分析法能够满足工业时代的企业需求，但在信息时代，顾客、供应商、雇员、技术创新等因素对企业经营业绩的影响越来越大，而杜邦分析法在分析这些因素方面无能为力。

（3）缺乏无形资产估值体系。在市场环境中，无形资产对提高企业长期竞争力至关重要，杜邦分析法不能解决无形资产的估值问题。

二、价值管理

20 世纪 80 年代中期，使用杠杆收购的投资机构在对那些被收购企业进行评估时往往需要了解这个被收购企业的收益是如何分配的。其实，每家企业的收益都会被三方面分掉：债权人——分得贷款利息；政府——收税；股东——分得公司红利。当一家企业获得了收益，首先是产生营业利润，企业利用这部分利润支付债权人如银行贷款的利息；然后用剩下的利润向政府缴税；最后得到净利润。净利润（如果不考虑优先股）就是持有这家公司普通股的股东能分得的收益。因此，这三个去向是所有企业所赚收益的必然归属。

如果学过基础会计，应该清楚这里讲的必然归属和必须支付是两个概念，准确来说，并不是所有三方都得支付，正如它们的支付顺序一样，这三方享有的优先级是不一样的：公司的债权人优先级最高，无论是否赚钱，企业必须按贷款合同约定支付贷款利息。公司只有在赚得利润的情况下，才向政府缴纳所得税。如果当年企业亏损，就不用向政府缴纳所得税。股东只有在净利润为正的情况下才能分得（现金）红利，但股东经过相互协商也可以决定不分享或部分分享（现金）红利，把未分享的净利润全部或部分投入企业

（形成留存收益）。当然，如果当年企业净利润为负，那么股东连一块蛋糕都分不到。为了准确地从债权人、政府和股东三个不同角度来度量企业价值，精明的会计师、投资家发明了息税前利润（EBIT）、息税折旧及摊销前利润（EBITDA），以及净利润和税后净利润。

EBITDA 指标针对传统的利润表做如下调整（如图 5 - 3 所示）：

（1）加回折旧与摊销；

（2）加回计提；

（3）扣除税金。

A公司现金流量表（经营现金部分）		A公司-利润表	
经营活动净利润	**26.8**	**营业收入**	**1528.5**
经营活动提供的项目：			
折旧和摊销	134.5	营业成本	1202.9
资产减值准备	4.8	**毛利**	**325.6**
优先股股息	193.9		
经营所得税优惠	-43.8	销售费用	22.1
应收账款	-102.6	研发费用	95.6
递延佣金	-18.2	管理费用	25.6
预付费用和其他资产	-11.2	折旧和摊销	134.5
应付账款	114.7	**营业利润**	**47.8**
应付税款	3.1		
递延收益	134.5	利息费用	0
经营活动产生的净现金	**436.5**	其他支出	-1.4
		税前利润	**49.2**
EBIT	**47.8**		
		所得税	22.5
EBITDA	**182.3**	**净利润**	**26.7**

图 5 - 3　**EBITDA 对传统利润表的调整**

净利润具有迷惑性，虽然净利润可能一致，但体现的价值却是不同的。

（1）净利润受到企业资本结构的影响。假如有两个公司，公司 A 有 50％的股权和 50％的债权，公司 B 有 100％的股权。即使这两家公司的企业价值一样，它们的市盈率和净利润的差别也会很大。例如，通用公司和福特公司，从股权投资者的角度来讲，福特公司的估值比通用公司高。其中很重要的一个因素就是，通用公司的负债比福特公司多，影响了其股权的估值。

（2）净利润受到所得税的影响。两个具有相同企业价值的公司，所得税税率分别为 15％和 25％，并且两家企业享受不同的税前抵扣政策。如果用市盈率和净利润来判断这两家企业的投资价值，而不仔细查看它们的税收政策，就无法对公司的价值做出正确评价。

（3）净利润受企业非核心、非经常业务的影响。债权人、投资者在分析企业价值时，通常不会考虑一些非核心、非经常业务给企业带来的收益，如变卖固定资产、获得政府补助、行政罚款支出等，这些都不是企业的核心业务。我国的很多企业常年依靠政府补助生存，虽然账面净利润很好看，但一旦拿掉政府补助，会亏得一塌糊涂，这样的净利润也无法正确体现企业的真实价值。

三、经济附加值

经济附加值（EVA）这种方法根据影响股东财富的决策，持续评估管理层的财务业绩。与市场附加值（MVA）相关联，EVA＝市场总值增值＋一段时间内的股利总额。或者 EVA＝税后净利润－调整后资产×资金成本，这里的 EVA 类似于"经营净现值"指标，评估管理者在一段时期内的绩效，以及自由现金流的影响。

经济增加值提供了更好的业绩评估标准，因为它要求考虑包括股本和债务在内所有资本的成本。这一概念令管理者更加明智地利用资本以迎接挑战，创造竞争力。考虑资本成本仅是第一步。在现行会计方法下，管理者为了创新及品牌建设，会不计成本，盲目扩大生产，促进销售以增加账面利润，提高财务杠杆以粉饰账面的投资收益。根据客户需要制定明确的经济增加值计算方法，通常只对5～15 个具体科目进行调整。有了这一经济增加值衡量标准，管理人员就不会再做虚增账面利润的傻事了，他们就能自如地进行进取性投资以获得长期回报。

$$\text{EVA} = 税后净营业利润 - 加权平均资本成本$$
$$\times 投资资本总额(\text{TC})$$

$$\frac{税后净营业利润}{(\text{NOPAT})} = 营业利润 + 财务费用 + 投资收益 - 税收$$

$$\frac{加权平均资本}{成本(\text{WACC})} = 债务资本成本率 \times (债务资本市值/总市值)$$
$$\times (1 - 税率) + 股本资本成本率$$
$$\times (股本资本市值/总市值)$$

正确衡量公司和部门业务的方法很多，但要根据公司和业务所处的不同阶段进行分析，不是只有传统的净利润和投资回报率才能体现公司的价值。

本章要点

1. 财务预测可以采用哪些方法？

可以采用定性和定量的方法。定性预测包括专家访谈、座谈会、现场调研等方法。定量预测包括时间序列法、因果关系法和统计规律法等。

2. 如何在财务预测中运用 What-If 模型？

What-If 模型能够展现某一因素或者某一假设的改变对企业利润的影响。财务预测时，可以运用 What-If 模型提前预测有关因素变化的影响程度，这样企业就可以在变化发生时及时采取对策，调整生产经营计划。

3. 传统财务预测存在的主要问题是什么？

主要有两个问题：一是对实务中编制盈利预测的程序、方法等没有具体的规定和要求；二是对成本和费用的预测和控制不够重视。

4. 杜邦分析法的核心是什么？可以分解为哪些指标？

杜邦分析法的核心是净资产收益率。可以分解为营业净利率、总资产周转次数和权益乘数三个指标。

第 6 章 / *Chapter Six*

收入预测与分析

学习目标

- 掌握销售收入预测的基本方法

- 采用趋势分析法对收入数据进行分析

- 掌握实际数与预算数的比较分析

- 掌握漏斗分析法的运用

- 掌握基于市场数据进行外部分析的基本维度和方法

- 对市场份额数据进行严重程度评级

- 基于趋势分析和分布分析结果进行综合分析

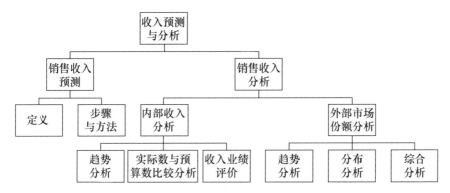

第 5 章重点介绍了财务预测与分析的基本方法，并简单介绍了财务预测中极为重要的盈利预测。盈利预测包括销售收入预测、成本预测和费用预测。掌握了基本的财务预测与分析方法之后，我们将在本章着重讲解盈利预测中的销售收入预测、企业内部收入分析和外部市场份额分析。

第 1 节　销售收入预测

一、销售收入预测的定义

收入预测是指财务人员在分析经营活动现状的基础上，结合对宏观政策、行业趋势、市场需求的调查和研究，对企业产品或服务的销售收入进行预测。由于销售收入与企业现金流入直接相关，所以收入预测是大多数企业最关注的，也是盈利预测的关键。

二、销售收入预测的步骤与方法

销售收入预测的一般步骤如图 6-1 所示。

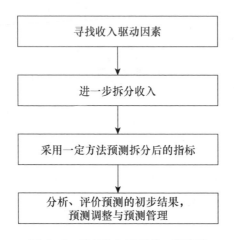

图 6-1　销售收入预测的一般步骤

（一）寻找收入驱动因素

预测销售收入时，不能只看收入增长的数字，还要看收入增长背后的原因，例如，收入的构成有哪些？哪些因素保证了企业的收入增长？影响收入增长的因素主要有 5 个：单价、销量、新市场、新产品和国际业务。

1. 单价驱动与销量驱动

对企业来说，收入＝销量×单价。虽然随着业务、生产线、产品线的增多，企业销售收入的构成会越来越复杂，但仍然脱离不了最基本的收入构成模式，即销量与单价。

销量驱动需要关注：销售量是如何来的？市场在哪里？业务规

模是否还有提升的空间？

单价驱动需要关注：哪些因素会影响单价？客户对价格区间的接受程度如何？价格是否合理？提升多少价格能实现收入的增长？

【案例1】W公司的收入驱动因素

W公司是一家成熟的高科技公司，旗下拥有多款办公软件和智能硬件，其产品主要通过渠道代理商对外销售。W公司从影响总收入的因素出发，确定了三个收入驱动因素：客户数量、每个客户的年订单数和订单金额，即收入＝客户数量×每个客户的年订单数×订单金额。财务人员可以通过预测这三个指标的增长百分比对收入进行预测。

2. 新市场驱动、新产品驱动与国际业务驱动

对一家企业来说，如果在销量和单价方面提升空间较小，就必须通过业务扩张来挖掘盈利潜力，维持收入稳定增长。

新市场驱动是指关注潜在市场的需求，从而扩展市场、提升产品的市场占有率。新产品驱动关注产品本身的独特性和差异性，企业主要通过研发、推广具有差异性的新产品来形成核心竞争力。国际业务驱动是指顺应经济全球化发展趋势。在经济全球化的形势下，拓展国际业务可以帮助企业销售收入增长。

【案例2】K企业的收入驱动因素

连锁零售行业普遍通过不断开设新店来扩张市场，达到大幅提升销售收入的目的。K企业是一家连锁餐饮企业，其收入的90%来自门店，可以判定其收入驱动因素就是门店数。因此，可将其收入公式写为：

$$收入＝门店数×单店收入$$

（二）进一步拆分收入

找到企业销售收入的重要驱动因素后，可以根据这些因素对总收入进行简单拆分，进而做出预测。但是在实际预测收入时，这样做是不够的，需要根据企业的实际情况进一步拆分收入。比如，如果企业收入驱动因素是新产品的增长，则可以按产品分类对收入进行拆分；如果企业收入驱动因素主要是新市场（渠道）扩张，那么可以按地域或渠道对收入进行拆分。

【案例3】W公司的收入拆分

对于案例1提到的W公司，我们已经找到了三个重要的收入驱动因素，可以将收入分为不同代理商的收入，再按收入驱动因素进行拆分，如图6-2所示。

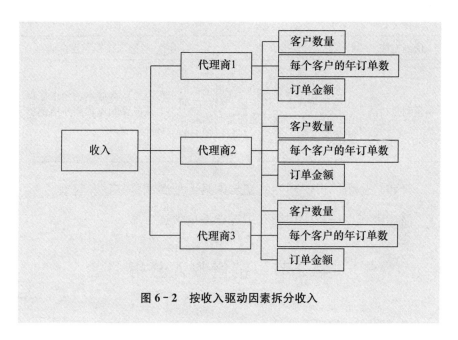

图 6-2 按收入驱动因素拆分收入

（三）采用一定方法预测拆分后的指标

收入预测常见的方法有时间序列法、因果关系法和本量利分析法。在实际预测中，会根据企业生命周期、商业模式等选择合适的预测方法，也可能结合多种方法，如表 6-1 所示。

表 6-1 常见的收入预测方法

预测方法	介绍	举例（连锁零售企业）
时间序列法	基于过去数期的实际销售收入，采用求平均或者平均值加减一定增长率等方法，确定销售收入的预测值	预测线下门店的收入时，取前三年收入增长率平均值作为未来一年收入的增长率
因果关系法	又称相关法，通过分析影响事物发展变化的内部和外部因素，对销售收入变化的趋势进行预测	预测新店的销售收入时，可以考虑新店的规模、选址或者行业增长情况

续表

预测方法	介绍	举例（连锁零售企业）
本量利分析法	分析企业保本点、保利点。将企业成本分为固定成本和变动成本，再根据销售成本、销售量、利润之间的内在关系，预测保证盈利的最低销售量（额）或是达到目标利润的销售量（额）	可以先预测成本，再根据保本点或保利点预测新店销售收入

（四）分析、评价预测的初步结果，预测调整与预测管理

该步骤在上一章中详细介绍过，不再赘述。

第 2 节　销售收入分析

一、内部收入分析

J 外贸公司是一家在东南沿海地区拥有多家网点的大型综合贸易公司，经营化妆品、服饰、小型电器、手工艺品等。J 公司一直很注重销售业务的开展，将业务部门视作关键部门，而财务部门相对弱势。财务部门的定位是就业务部门的需求开展工作，最主要的职能是进行事后业务核算，不负责分析、预测等。

在 J 公司发展初期，这样的部门定位为其扩张市场、节约成本、提高收入带来了显而易见的好处。然而在 J 公司发展成熟之后，这样的部门定位却成为一个弊端。财务部门的职能不全，使得 J 公司最近几次决策失误，公司收入明显下滑。鉴于此，J 公司开始重视企业内部收入分析。

（一）趋势分析

企业内部收入分析中，最基础的是趋势分析，也就是确定一个期间，将本期收入与上期收入做绝对数和相对数的比较。

绝对数的比较，是将本期收入减去上期收入，判断收入是增加还是减少，并分析原因。这种方法简单明了，但是忽略了投入规模对收入的影响。因此，通常更倾向于使用相对数进行比较分析。

相对数分析，粗略一点可以使用公式"（本期净资产－上期净资产）/上期净资产"，得到本期净资产较上期的增减比例。再使用公式"（本期收入－上期收入）/上期收入"，得到本期收入较上期的增减比例。比较两个比例，观察收入增减与资产增减是否一致。如果基本一致，表示收入数据正常；如果反向变动或者变动差距较大，例如，净资产增加 40%，而收入只增加 5%，就代表收入数据异常。

企业可以根据实际情况，按照年、月、周来划分期间，进行环比分析。销售存在季节性波动的企业可以选择同比分析法，与上年同一时期的数据进行比较分析。也可以根据企业业务的不同，选择与企业收入相关的主要资产代替上文中的净资产，与收入增减变动进行比较分析。企业还可以依据自身情况设定异常值范围，比如，根据历年的数据，可以设定收入变动与资产变动差额在 5% 以上是异常状况，当差额在 5% 以内时，应当认为是正常的，不需要过多关注和分析。

如果在分析总收入时发现异常，则需要继续分析，判断是什么原因导致收入异常。由于收入＝销量×单价，因此在实际操作中通常将总收入拆分成销量和价格，在销量中又分为区域、客户、销售渠道、产品等维度进行趋势分析，以找出异常的原因。

1. 销量趋势分析

（1）区域维度。销售区域的划分，每个企业都不同。有些大型跨国企业将不同洲划分为不同的大区，再将每个大区按照国家或者区域划分为战区，再通过每个国家的行政区域划分出更小的销售区。国内企业通常会按照地理方位划分销售大区，例如西北、东南、华北等，再进一步根据业务铺设点划分销售战区。

无论销售区域如何划分，分析的思路是一致的，需要对每个区域的销量进行环比或者同比分析。如果某一区域的销量较上期出现明显下滑（这个"明显"的范围可以根据公司状况设定），应当进一步关注该地区门店数量、销售人员数量、该地区的销售战略等。例如，可能是由于该区域销售状况一直不佳，企业做出收缩该区域业务的战略决定，关闭了部分门店。这种情况就是企业正常的战略收缩，不属于操作层面的问题。

（2）客户维度。客户种类的划分，不同企业也有所不同。例如，电脑是各行各业工作学习的必需品，因此许多电脑生产企业按照行业来划分客户，如教育行业、行政行业等。产品适用范围比较窄的企业一般会将客户群体划分为大客户、中小客户、个人消费者等类别。至于交易超过多少金额应划分为大客户，则由企业根据实际情况设置。

通常可以对不同客户类别的销量做同比或者环比分析，判断哪一类客户的销量存在异常，这种异常是不是导致总收入异常的原因，并与业务部门及时沟通，商讨如何解决这个问题，留住客户，增加销量。

（3）销售渠道维度。除了直接面向最终客户的零售企业外，许多企业都有自己的分销商，它们的产品不是直接卖到客户手中，而是要经过分销商这一中间环节。随着网络购物的势头超过线下购物，许多企业都会把产品放在各个网络购物平台上进行销售，例如，京东、阿里巴巴等。因此，销售渠道的分析也成为收入分析中的重要一环。

对每个渠道的销量做同比或者环比分析，看看是哪个渠道的销量出现异常。出现异常的原因可能是这一渠道的分销商出现问题，需要更换分销商；也可能是这一渠道对本企业的产品宣传较少，可以考虑与分销商谈判，修改分销合同等。

（4）产品维度。无论是区域、客户，还是销售渠道的分析，最终都会细化到产品的分析。因此，当区域、客户或者销售渠道的分析出现异常值时，可以先提取存在异常值的部分，再区分每种产品的销量。例如，西北区域的销量存在异常，向下分析发现西北区域的小客户销量存在异常，再对西北区域小客户销售中不同类别的产品 A、B、C 的销量做同比或环比分析，判断异常是由哪个产品引起的。

2. 价格趋势分析

对价格的分析依然可以从上述四个维度入手。当企业销售额出现异常波动而销量持续增长时，就需要分析是哪个区域、哪类客户或者是哪个销售渠道中的哪类产品的价格较上期发生变动，并分析变动的原因。找到原因后，可以与业务部门沟通，分析是否需要依据市场情况进行适当的价格调整。在实务中，大部分产品的价格比较稳定，通常不会每周每月变化，分析的周期可以根据实际情况拉长。

3. 结构趋势分析

价格和销量的差异共同构成收入的差异，因此，单独对销量和价格的变动进行分析是不够的，还需要将两者结合起来，观察它们在收入变动中起什么样的作用，这就是销售结构分析。销售结构分析通常按产品维度进行，观察每类产品的销售结构变化。

以 A 产品为例进行销售结构的分析：假设上期是 F_0 期，F_0 期总销量为 Q_0，A 产品销量占总销量的比例为 R_0，单价为 P_0，A 产品的销售额为 W_0。本期是 F_1 期，F_1 期总销量为 Q_1，A 产品销量占本期总销量的比例为 R_1，单价为 P_1，A 产品的销售额为 W_1。

可以得出：

$$销量差异 = Q_1 \times R_1 - Q_0 \times R_0$$

$$单价差异 = P_1 - P_0$$

$$销售额差异 = W_1 - W_0 = Q_1 \times R_1 \times P_1 - Q_0 \times R_0 \times P_0$$

可以把总的销售额差异拆分为量差和价差两种，量差可以拆分为销量本身的影响和销售结构的影响，价差可以拆分为价格带来的影响和销售结构的影响。具体分析如下：

$$量差中的销量结构差异 = (Q_1 - Q_0) \times R_0 \times P_0 \qquad ①$$

这里的销量结构指 A 产品销量占总销量的比例，这里仅分析 F_1 期较 F_0 期总销量的增长给 A 产品销售额带来的差异。

$$量差中的销售结构差异＝Q_1×(R_1－R_0)×P_0 \qquad ②$$

这里的销售结构指 A 产品每期销量占当期总销量的比例，这里固定总销量为本期总销量，固定单价为基期单价，仅分析销量结构变化给 A 产品销售额带来的影响。

$$价差中的单位售价差异＝Q_1×R_0×(P_1－P_0) \qquad ③$$

此时，将销量固定在本期也就是 F_1 期，销售结构固定在基期不变，仅观察 A 产品单价变动对销售额变动的影响。

$$价差中的销售结构差异＝Q_1×(R_1－R_0)×(P_1－P_0) \qquad ④$$

此时，将总销量固定在本期，观察 A 产品销售结构变动对销售额变动的影响。

最后，将四个因素的影响差异相加，即 A 产品总的销售额变动：①＋②＋③＋④＝$W_1－W_0$。

这样的销售结构分析将 A 产品销售额的变动拆分成四个因素，有助于判断 A 产品收入变动是由于价格变化、销量变化还是结构变化引起的，便于进一步分析和解决问题。

（二）实际数与预算数比较分析

除了对每期实现的收入进行趋势分析外，对实际收入与预算收入的比较分析也是分析的重要方向。可以通过分析不同维度实际收入与预算收入的差异，判断超额实现收入和未完成预算的异常状况是怎样产生的。

M公司为一家健身公司，将企业收入划分为私教收入、商品收入、会员卡收入等几个明细类别。针对每个类别，将实际收入与月初预算进行比较，将异常值设为20 000元。如果超出预算20 000元，属于异常情况，需要联系业务部门，分析这样的异常是不是正常经营活动产生的，是否可以持续下去，如果是可持续的，将考虑调整下一期的预算。如果未完成预算超过20 000元，也属于异常状况，需要分析为什么未能完成预算，与业务部门接洽，对预算的可行性进行评估，判断是预算设置不合理还是业务部门存在问题。

（1）部门维度。M公司将自己的业务部门划分为SPA（卡/商品）、会籍部、健身私教部、运营部四个部门。如表6－2所示，通过对每个部门的收入和预算情况进行比较分析，得到预算完成比例。此外，还可以进行环比分析。如果本年预算完成情况正常，但与上年同期相比有所下降，则需要寻找原因。

表6－2　部门预算完成情况

报表项1级	预算	实际	完成比例	上年同期	同比增减	同比增长率
资金收入	424	376	88.7%	583	−207	−35.5%
经营流水	424	376	88.7%	583	−207	−35.5%
SPA（卡/商品）	34	42	123.5%	17	25	147.1%
会籍部	187	160	85.6%	303	−143	−47.2%
健身私教	197	166	84.3%	236	−70	−29.7%
运营	6	7	116.7%	27	−20	−74.1%

企业可以依据自身情况设置事业部，按照事业部来计算预算完成比例并进行分析。

（2）门店维度。如果还想进一步细分，可以将收入具体细分到每个销售门店，如表 6-3 所示。分析思路与上文基本一致。但对于门店很多的企业来说，这样的分析比较费人力物力，可以将分析周期拉长至一个季度或者一年。

表 6-3 门店预算完成情况

成本中心名称	预算	累计	完成比例	上年同期
安贞店	883	921.92	104%	169
百盛店	371	384.47	104%	866
大成店	566	638.36	113%	521
清华店	471	540.36	115%	507
西直门店	528	545.60	103%	552
兆龙店	2	−37.62	−1 881%	722
主语店	1 230	1 272.50	103%	1 311
总计	4 051	4 265.59	105%	4 649

（三）销售收入业绩评价

销售流程分析又叫作漏斗分析，因为它是一个层层筛选的过程。在漏斗分析中，当一个客户有意愿购买公司的产品时，客户可能对产品没有具体的想法，仅仅是有意向，公司的销售人员应该将这种意向纳入渠道管理系统，这就是公司的一个销售机会。

通常将销售机会分成四个阶段：确定状态（committed）、有风险的确认状态（committed and risk）、较高风险状态（upside）和未确认状态（uncommitted）。其中，确定状态代表客户已经做出购买承诺。有风险的确认状态代表顾客已经做出购买承诺，但在细节上需要协商。较高风险状态的不确定性更高，存在与其他公司同类产品的竞争，顾客虽然有购买产品的意向，但同时还浏览其他公司的同类产品，并未做出决策。未确认状态代表顾客只是有一个想法，离付诸行动还有很长的距离。

将销售机会分类填入系统后，可以考虑将确定状态和有风险的确认状态纳入销售预测数据，并结合确定程度和销售时间表进行分析。这意味着前两个状态的确定性高，可以认为是未来能达成的销售额。对这样的销售机会，销售人员应当进行追踪分析，跟进时间表和完成度。

抓住销售机会后，可以使用销售阶段指标进行销售收入预测。所谓销售阶段，就是将销售完成阶段人为地划分为 20％、40％、60％、80％等，每个阶段都有对应的销售跟进情况。当销售阶段处于 20％时，代表取得销售机会，双方初步达成销售意向；当销售阶段处于 40％时，代表销售已经具体到顾客会购买哪一件产品；当销售阶段处于 60％时，代表顾客准备签单；当销售阶段处于 80％时，代表签单已经完成，只是收入还未到账。根据销售阶段的数据，可以对未来期间的销售收入做出更准确的判断，从而为管理层决策提供数据支持。

当然，不同的公司可以按照自己的销售情况对流程分析做出调整，例如，有些公司认为未做出承诺的销售机会没有意义，不需要统计，可以删除。

　　通过这样的流程分析，能够清晰地看到销售每一环节的数据，看到公司的销售机会、可以争取的客户，可以预测公司未来的销售收入，从而做出生产、销售决策，同时，还能够评价销售人员的业绩。

【案例4】L软件销售公司基于漏斗分析的业绩评价

　　L公司是一家软件销售公司，销售收入稳健增加，盈利状况良好。但最近，销售人员离职变多，销售收入也有所下滑。经过调查，管理者发现，销售人员普遍反映公司的业绩评价体系设计不合理，只看最后拉单的收入，有时候尽全力谈单子，但最后一步没谈成，之前的辛苦就白费了。

　　图6-3和图6-4是运用Power BI做的L公司销售部门业绩分析图。以不同事业部经理作为起点，点击每个部门的"经理"，

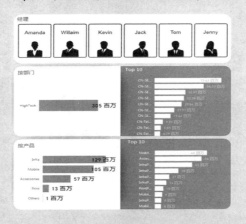

图6-3　部门销售业绩图

会出现本部门销售额排名前 10 的销售人员和销售产品。点击任意

一个销售人员，会出现该销售人员对应的漏斗分析情况。

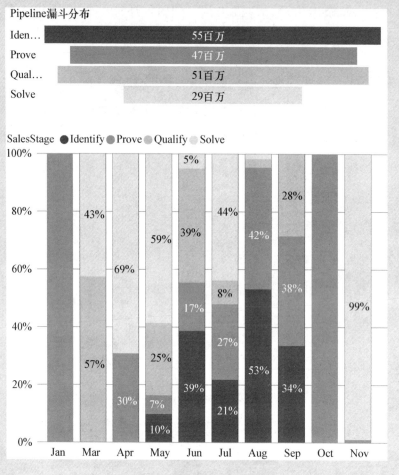

图 6-4　销售人员年度业绩图

漏斗分析结果包括经证实的（Identify）、被证明的（Prove）、

已确认的（Qualify）、已解决的（Solve）四个阶段，和前面讲述的

四个阶段类似，只是换了一种说法。不确定程度逐步递减。从上图可以看出，该销售人员在 1 月所有的销售单都处于被证明的状态，也就是不确定的状态。到了 3 月，43% 的单子已经谈成，进入已解决的状态，还有 57% 的单子处于已确认的状态，需要进一步协商。4 月，该销售人员已解决的销售单为 69%，被证明的单子为 30%。最后在 11 月，已解决的销售单达到 99%。也就是说，该销售人员不但谈成单子的速度快，新进单子的速度也快，年度业绩非常好。

加入漏斗分析后，能够看出每个销售人员谈成单子的速度，有没有积极寻找新的销售机会，是否消极怠工。与只看最后谈成的销售单相比，漏斗分析可以帮助企业在年度终了前及时止损，准确分析业绩不佳的原因，同时更准确地评估销售人员的业绩，避免销售人员产生不满情绪。

二、外部市场份额分析

市场分析是收入分析中非常重要的环节，但许多企业往往将市场分析交给业务部门负责，或者在财务与业务部门之间建立一个独立的商业分析部门。这样的设置造成作为中后台的财务部门只能进行成本和费用的控制，只能得到报表中的收入合计数，难以获取市场具体数据进行分析。更糟糕的是，在许多企业里，财务部门与业务部门的关系并不融洽，信息不能共享，分析脱节。

需要明确的是，现在许多市场分析都是业务层面的市场分析，通过市场调查和需求预测，判断产品是否有市场，分析应当采取怎样的营销战略来实现销售目标。

而财务层面的市场分析不需要如同业务层面那样面面俱到。财务层面的市场分析更看重宏观方向，通过分析宏观环境、销售数据、市场信息来制定相关的产品、项目决策，例如，哪些业务应当砍去，哪些业务应当大力扶持，哪些业务的结构或者环节应当调整等。在分析过程中，会用到同比、环比、定比、对标、SWOT 等多种分析方法，同时，需要从业务端收集大量的调查数据。

（一）趋势分析

与内部收入分析划分的维度类似，外部市场份额的趋势分析也可以采用区域、客户、产品这三个维度。

市场份额趋势分析方法与收入分析类似，但数据有所区别。在市场份额趋势分析中，不再对公司本期数额与上期数额进行趋势分析，而是将一定期间内公司总销量、总销售额占整个产品市场总销量、总销售额的比例（也就是通常所说的市场份额）与上期相比，观察其增减变化是否达到公司设定的异常值范围，再进一步分析。

关于此期间，公司可以根据自身状况设定，可以是一周、一个月、一个季度或一年。如果采用年度数据，对于电子产品市场来说，会存在市场信息延迟的情形。在成本允许的情况下（因为频繁上传数据会导致人力物力的损耗），对比分析的间隔越短越好。如果公司能够建立一个完整的数据库，将每日信息实时上传，自动生成汇总数据，会为以后的分析带来极大的便利，目前运用 Power BI 可以完成这一任务。

此外，影响公司市场份额的因素不但有销量和销售额，还有市场总规模，因此将两个因素剥离开来可以更好地分析公司市场份额变化的原因，也就是将公司销售增长量与整个市场销售增长量比较，观察市场份额的变化是由外部因素（市场规模变动）还是内部因素（自身销量变动）导致的。

例如，如果在产品维度分析中发现一类产品市场份额下滑或者上升的幅度达到异常值范围，就应当向下拆分因素，继续进行分析。分析可以参照表 6-4，各企业可以根据自身实际情况对表中的内容做适当调整。

表 6-4　市场份额数据分析的严重程度评级表

严重程度评级	市场份额变动	市场规模变动	自身销量变动
A	下滑	不变或上升	下滑
B	下滑	下滑	下滑
C	下滑	上升	上升
D	上升	下滑	下滑

如果发现市场规模并未萎缩，或者处于上升态势，而是由于该产品销量降低导致市场份额下滑，那么问题属于最为严重的 A 级。

如果发现市场规模和自身销量都下滑，市场份额的下滑是由于自身销量下滑程度大于市场规模下滑程度导致的，那么问题属于比较严重的 B 级。

如果发现市场规模和自身销量都较上期有所增长，自身销量增长的幅度小于市场规模扩张的幅度，导致市场份额下滑，那么问题不算严重，评为 C 级。

如果市场规模和自身销量都处于下滑状态，市场规模下滑更为严重，导致市场份额增加，问题严重度评为 D 级。

对于这四类评级，应当制定相应的措施，与业务部门进行沟通，以便解决问题。

1. 区域份额趋势分析

图 6-5 是 X 公司 4 月在每个大区所占的市场份额较之上月的变化情况。黑点数据代表份额的增减幅度。其中，市场份额＝X 公司产品在每个大区的销量/该大区同类产品市场的总销量。X 公司华东大区市场份额下降最多，达到 1.3%，同样出现市场份额下滑的还有东南大区，与上月相比下滑了 1.0%。

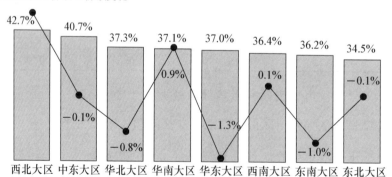

图 6-5 X 公司区域份额趋势分析图

图 6-6 是 X 公司 4 月不同区域市场增长率与自身增长率比较柱状图。

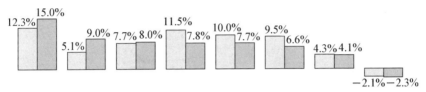

图 6-6　X 公司区域增长率对比图

$$
\frac{市场}{增长率} = \frac{该区域 4 月市场整体销量 - 该区域 3 月市场整体销量}{该区域 3 月市场整体销量}
$$

$$
\frac{自身}{增长率} = \frac{X 公司在该区域 4 月销量 - X 公司在该区域 3 月销量}{X 公司在该区域 3 月销量}
$$

从图 6-6 可以看出，西北大区和华南大区的市场和 X 公司自身销量都处于大幅上升状态，因此，问题严重程度评为 C 级。虽然东北大区市场份额上升，但其市场和自身增长率都为负值，因此也需要分析，问题严重程度评为 D 级。

2. 客户份额趋势分析

X 公司按照行业划分了大致的客户范围，分别是政府、大企业、教育行业、小企业、中型企业、个人消费者以及小型办公，如图 6-7 所示。

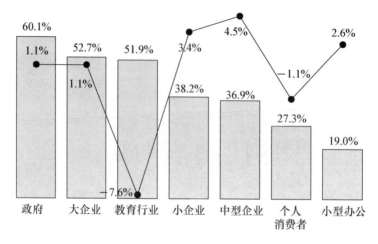

图 6-7 X公司客户份额趋势图

从图 6-7 中可以看出，本月市场份额下滑的只有教育行业和个人消费者，下滑幅度分别是 7.6％和 1.1％。个人消费者虽然市场份额下滑，但市场增长率和自身增长率都为正值，代表其销量都呈上升态势，因此问题严重度评为 C 级；教育行业不但市场份额下滑严重，且市场增长率和自身增长率都为负值，问题较为严重，属于 B级，应当引起重视（见图 6-8）。

图 6-8 X公司客户增长率对比图

3．产品份额趋势分析

X 公司旗下有 L1、L2、L3 三个自主品牌，按照产品特征主要
分为台式机和笔记本两个大类。对于笔记本产品，按照不同的用途
和顾客需求，X 公司又将其细分为传统本、Traditional Box、超轻
薄、超便携、高性能本、AIO、Gaming Box 等多个类型。

（1）品牌。X 公司品牌份额趋势如图 6-9 所示。

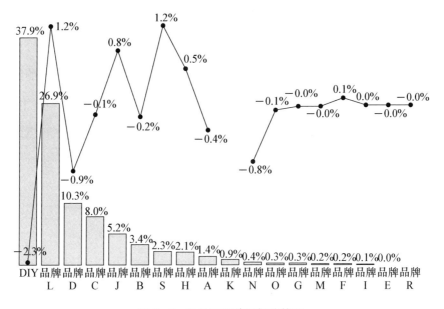

图 6-9　X 公司品牌份额趋势图

从图 6-9 和图 6-10 可以看出 X 公司不同品牌 4 月较上月的变
化，有几个品牌的市场份额出现下滑，而全国市场较上月增长
5.6%，因此主要是由于自身增长率为负或者自身增幅小于市场增幅
导致的，问题严重程度属于 A 级，要引起重视。

销量增长率

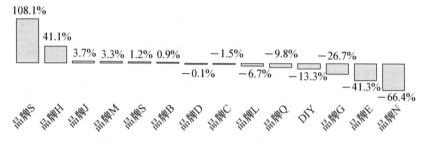

图6-10　X公司品牌增长率对比图

（2）明细产品分类。图6-11和图6-12是X公司按照细分产品类别做出的市场份额变动图和自身销量增长率与市场增长率的对比图。可以看出，X公司超轻薄和超便携两种产品的市场份额下滑，市场增长率和自身增长率都为正，问题严重程度属于C级。而AIO市场份额下滑严重，市场增长率为正，但自身增长率为负，属于A级。传统本虽然市场份额上升，但自身销量较上月减少10.2%，市场增长率也为负，评为D级，需要关注。

（二）分布分析

除了从时间上对市场份额进行趋势分析，还需要将时间固定，对当下区域、客户、产品份额进行分析，判断哪些业务应当调整。

1. 区域分布分析

图6-13是4月份X公司各区域销量占公司总销量的比例。可以看出东北大区所占比例最小，而中东大区所占比例最大，达到公司总销量的21.11%。

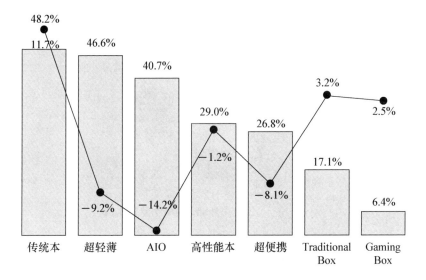

图 6 - 11　X 公司产品份额趋势图

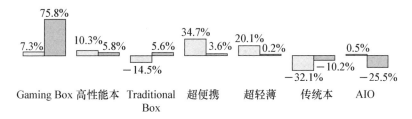

图 6 - 12　X 公司产品增长率对比图

2. 客户分布分析

图 6 - 14 是 X 公司 4 月客户分布图，展示了 X 公司 4 月销售给不同客户的产品销售额占总销售额的比例。个人消费者依然是 X 公司最大的客户群体。

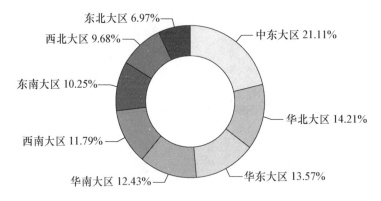

图 6-13　X 公司 4 月份各区域销量占比图

个人消费者	大企业	政府	中型企业
	19.2%	11.3%	7.9%
	教育行业	小企业	小型办公
33.8%	12.5%	9.2%	6.2%

图 6-14　X 公司 4 月份客户分布图

3. 产品分布分析

图 6-15 是按照品牌、产品明细等维度做的 X 公司 4 月产品分布图。笔记本是 X 公司最大的销售业务，其中传统本和 Traditional Box、超轻薄的销售额排在笔记本销售额的前三位。

4. 竞争对手分布分析

图 6-16 是东南大区 4 月不同细分产品占据市场份额前三的品牌分布图，纵轴是价格区间，深色条块是 X 公司的品牌，浅色条块是这个产品市场中其他公司的品牌。可以看出，X 公司的品牌在

图 6－15 X 公司 4 月份产品分布图

AIO 市场表现最好，市场份额最大。而在 Gaming Box 3 000～5 000 元
价格区间的市场，X 公司销量跌出市场前三。

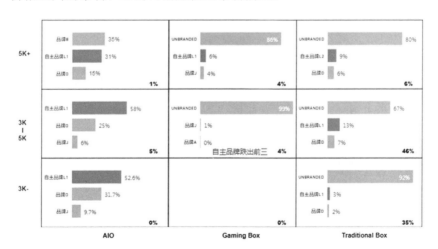

图 6－16 X 公司竞争对手 4 月份分布图

温馨提醒：

进入公众号"康思迪易分析"输入"市场份额分析"，或扫描下面的二维码查看动态 Power BI 报表。

（三）综合分析

上文讲述了如何从财务和市场数据中发现异常，并对问题分级。下文将提供一些针对问题向下分析的思路。

在实际的分析中，往往会将区域、客户、产品、竞争对手等数据信息结合起来进行分析。

1. 趋势分析——市场份额下滑

在趋势分析中，如果发现某一区域的某个品牌或者某种产品的市场份额下滑，可以进一步分析：为什么该市场份额下降了？是因为该地区顾客的偏好、消费水平还是因为竞争对手在该区域做了更多的宣传，抑或该区域实施了地方保护政策？不同原因导致的市场份额变化对应不同的解决措施。例如，如果是这一区域顾客消费水平导致的，那么就需要调整这一地区的产品投放结构。如果该地区消费水平偏低，公司的高价产品销售不好，就需要减少高价产品的投放，以满足该区域消费者的需求。财务人员需要与业务人员进行沟通、讨论，得出最佳解决方案。

在细化分析时，还可以将区域细分至每个战区，每个市、县，甚至每个省份。同时将时间细分到旬、周。在大数据时代，这些分析可以以较低成本完成。

如果发现某一区域中某一类客户的市场份额下滑，也可以继续向下分析。例如，上文中提到 X 公司 4 月份教育行业的市场份额下滑严重，达到 B 级，就应当思考：教育行业对个人电脑的需求是什么？公司的产品能否满足这种需求？教育行业的客户网络应该如何铺开？怎样才能吸引到更多教育行业的客户？同时也需要思考扶持教育行业的业务支出能否带来利润。如果同样的支出投入政府能带来更大的利润，就应该放弃教育行业，转向政府发展客户。对此，需要运用财务管理的方法，拟定针对不同市场的开拓计划，计算不同计划的净现值、投资报酬率等，选择更优的计划。

此外，上文提到市场份额的下滑以及市场总规模的下滑与企业销量的下滑存在关联。

如果问题严重程度为 A 级或 B 级，公司自身增长慢于市场增长，说明公司在该区域存在强有力的竞争对手，这时，应当对竞争对手的状况进行评估，结合竞争对手市场份额分析自身在区域市场中的排名。也可以采用 SWOT 分析法，分析自身与主要竞争对手的不足与优势，做出正确决策。例如，分析公司在宣传、产品质量、销售人员素质或者售后环节方面是否与对手存在差距，根据差距做出不同的决策。比如在下一时间段，将资金更多投到宣传、人才培养、产品研发上，还是投在建立并完善售后体系上？对业务部门深入调查后才能得出结论。

2. 分布分析——分布较小的业务

从前文展示的份额分布图中可以看出不同区域、不同客户、不同产品的市场份额和占公司总体业务的份额。但仅根据分布还不能做出有效的决策，因为有些产品份额小，不一定是其发展前景不好，有可能是因为新上市，还没有打开销路。所以，还需要结合其增长率做出判断。这时需要使用波士顿矩阵进行分析，如图 6‑17 所示。

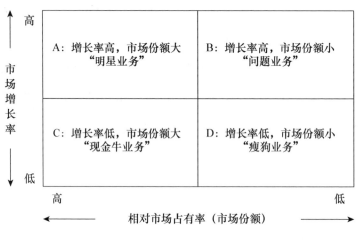

图 6‑17 波士顿矩阵分析图

例如，当某一类产品占公司总销量的比例很小时，首先应判断其是否为新上市产品或者是针对特定少数人群的产品。如果答案是否定的，再观察该产品的市场份额与销量增长率。

如果该产品属于 A 类业务，即使它占公司总销量的份额很小，也应保留并大力扶持。

如果该产品属于 B 类业务，代表该产品的市场前景看好，需要进一步测算开拓市场的收益与支出的差额是否为正，判断是否应当投入资金扶持该产品。如果收益为正，应当考虑改进销售策略，并将销售改进方案列入企业长期计划。改进的措施可以是改组销售团队，选择更有能力和进取心的团队领导；进行市场调研，调整产品定价或者加大对网络软文营销等的资金投入，调整现有的营销计划等。

如果该产品属于 C 类业务，应保留该产品的生产，因为其收入比较稳定。

如果该产品属于 D 类业务，同时其利润率极低，处于保本或亏损状态，应该考虑取消该产品的生产、销售及后续研发计划。

对客户和区域的分析与产品类似，不再赘述。

Power BI 应用

健身课程收入预测

收入预测在任何一家企业或组织看来都是各项指标预测中至关重要的一环。通过调节影响收入的动因，可以直观地看到收入的变化与趋势。Power BI 能够通过简单的操作实现这样的预测。

一家以私教课程收入为主要收入的健身休闲企业，希望通过制作收入预测的 Power BI 报表来预测下一阶段企业在私教课程方面的收入，并比较每位私教为企业带来的收入。为此我们设计了 Power BI 报表，如图 6-18 所示。

温馨提醒:

　　进入公众号"康思迪易分析"输入"收入预测",或扫描下面的二维码查看动态 Power BI 报表。

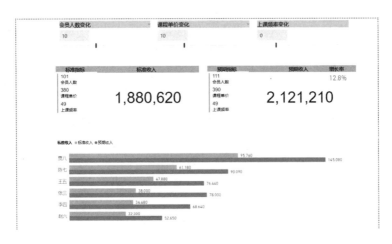

图 6-18　健身休闲企业收入预测报告

收入动因

　　通过实际走访和调查得知,该健身休闲企业的私教课程收入的三个重要动因是会员人数、课程单价和上课频率。在确定变量变化范围和采集数据的间隔后,使用 Power BI 的"切片器"功能,报告阅读者可通过拖动和直接输入变量数值来调整变量,获得预测数据,如图 6-19 所示。

图 6 - 19　私教课程收入动因分析

预测数据

卡片图在 Power BI 报表中往往用来跟踪最重要的数字，例如总销售额、市场份额等。在收入预测报告中使用卡片图可以直观地展示标准收入和预期收入的各项指标数据（见图 6 - 20）。利用左右排版可以使数据的变化清晰地展现在报告阅读者眼前。这时任意拖动变量或者输入希望预测的变量数值，右侧的各项预测指标都会随之改变。这能帮助企业的决策者以及业务人员了解到：增加的会员数可以使收入增长率提高多少；课程单价提高多少能够增加收入而不会造成客源流失；如何调整上课频率以使企业更高效地运转。

图 6 - 20　健身休闲企业标准收入、预期收入分析

以上指标都是绝对数值的指标，为体现指标间的变化和连贯性，我们采用收入预期指标中常见的收入增长率来展示企业的私教课程的收入总趋势。

每位私教收入预测

完成该健身休闲企业收入预测的重要指标的定义后发现，这些指标只能展示企业私教课程收入的整体情况，而无法展示每位私教对企业收入产生的影响，这增加了私教总监根据每位私教的工作状态来制定不同对策的难度。因此在报表的最后部分使用簇状条形图来展示各私教的标准收入和预期收入对比（见图6-21）。这样私教总监就能直观地看到每位私教在该阶段和下一阶段的表现，并且了解他们各自的短板，及时找到有问题的私教。

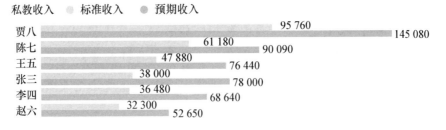

图6-21 各私教标准收入、预期收入对比分析

例如当会员增加时，有的私教的收入会明显提高，说明这些私教在将普通客户转化为会员以及客户关系维护上有较好的表现；如果私教的收入随上课频率不同有明显变动，说明这些私教的排课不够合理。

这样一份收入预测的 Power BI 报告不仅可以给决策者和业务人员提供数据上的指导，而且能从变量各方面对业务进行调整，甚至能起到定向定量的作用。

本章要点

1. 销售收入预测的一般步骤有哪些？

销售收入预测的一般步骤为：寻找收入驱动因素；进一步拆分收入；采用一定方法预测拆分后的指标；分析、评价预测的初步结果，预测调整与预测管理。

2. 进行企业内部收入分析时，可以从哪些方面对收入进行趋势分析？

可以从销量趋势、价格趋势、结构趋势三个主要方面进行分析，重点关注客户、区域、销售渠道、产品等维度的分析。这期间可以灵活使用结构分析法对数量和价格进行拆分重组，进行销售收入趋势分析。

3. 企业外部市场份额分析的基本思路是什么？

将公司划分区域、客户、产品维度的市场份额变化趋势分别与对应的市场销量变化趋势进行比较，判断是否存在异常。再根据比较结果，对异常情况进行严重程度评级。对于分布较小的业务，运用波士顿矩阵分析法，做出对应的决策。

第 7 章/*Chapter Seven*

成本预测与分析

学习目标

- 理解成本的定义与分类

- 了解成本预测的一般步骤与基本方法

- 掌握成本分析的基本方法

- 理解毛利及营业毛利率的定义与分析

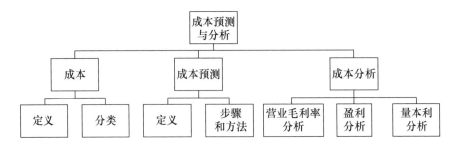

第 6 章介绍了盈利预测中的收入预测与分析，阐述了收入预测的一般步骤和收入预测分析的基本方法。本章将介绍盈利预测中的成本预测与分析，以加深读者对成本分析、毛利及营业毛利率的理解。

第 1 节　成本的定义与分类

一、成本的定义

产品成本定义通常以传统制造业企业为例，指企业为生产产品、提供劳务而发生的各项耗费，如材料耗费、薪金支出、折旧费用等，通常可分为产品成本和劳务成本。

在管理会计中，产品成本是为特定管理目标服务的成本分配结果，它的具体含义取决于其所服务的管理目标。无论在财务会计核算中计入成本类科目还是费用类科目，只要是与取得收入直接相关的支出，都可以包括在管理会计的成本管理范畴中。

产品全生命周期的理论基础是迈克尔·波特（Michael Porter）的竞争战略理论，又被称作广义的产品生命周期。狭义的产品生命周期成本是指企业内部及关联方发生的由生产者负担的成本，包括策划、开发、设计、制造、营销、物流等过程中的成本。广义的产品生命周期成本不仅包括上述生产者及其关联方发生的成本，还包括消费者购入后所发生的使用成本、废弃成本和处置成本等。从更广义的角度来看产品的全生命周期成本，还包括因承担社会责任而发生的贯穿产品生产、使用、处理和回收等过程的成本，主要包括环境卫生、污染处理等所发生的支出。

产品生命周期，亦称商品生命周期，是指产品从投入市场到更新换代和退出市场所经历的全过程，是产品或商品在市场运动中的经济寿命，也即在市场流通过程中，消费者的需求变化以及影响市场的其他因素所造成的商品由盛转衰的周期。一般分为导入（进入）期、成长期、成熟期、饱和期、衰退（衰落）期五个阶段。

如表7-1所示，由于财务信息所服务的管理目标不同，产品成本的定义和构成也不同。传统的产品成本只考虑了产品生命周期中的制造阶段，成本构成中仅包括与生产相关的支出。经营产品成本将成本定义的范围扩大至产品生命周期中的营销与使用阶段，将实现产品销售及维持产品使用功能而发生的支出也考虑在内。价值链产品成本将成本定义的范围延伸到整个产品生命周期，将生产前的设计和研发阶段也包括在内，包含价值链上几乎全部增值活动。

表7-1 不同管理目标下的成本定义

产品成本定义	传统产品成本	经营产品成本	价值链产品成本
成本构成	生产	生产 营销/销售 客户服务	研发/IT 生产 营销/销售 客户服务
管理目标	对外财务报告	战略决策 战略盈利分析	定价决策 产品组合决策 战略盈利分析

当成本核算仅是为了满足对外财务报告要求时，财务分析人员只需要将与生产过程相关的成本纳入成本结构，但是对这样的成本进行分析至多能够满足生产部门对成本管理的需求，却无法满足其他环节和企业整体的内部管理和决策需求。

经营产品成本丰富了成本的内容，使成本定义适用于集生产、销售、客户服务于一体的企业。这样的成本定义能够实现更多的内部管理目标，有助于企业进行战略决策和战略盈利分析。通过扩大成本管理的范围，管理者开始关注销售过程中产生的支出和售后维护的支出，从长期战略出发做出有利于企业盈利的决策。比如，对营销成本的分析反映销售政策对成本的影响。当前的销售渠道结构是否合理，为代理商提供的返利比率是否过高等，都可以通过营销环节的成本数据进行评价。再如，客户服务成本反映了企业在售后维护和客户关系维护等方面的支出水平，售后维护成本过高是否意味着产品质量有待加强，产品质量问题会不会造成客户的流失，客户关系维护是否起到了客户持续消费的作用等，这些问题都与企业的长期决策密不可分，可以通过对客户成本及相关指标的分析得出较为客观的评价结果，并及时对战略决策进行调整。基于长期战略视角的成本核算自然有助于财务分析人员对企业进行战略盈利分析，而不是将盈利分析局限于公开的财务报告数据。

价值链产品成本将成本结构扩大到研发阶段，这时的管理目标随之扩大至定价决策与产品组合决策。价值链产品成本对产品全生命周期的每一阶段成本进行归集，有助于更合理地制定产品价格，不但可以弥补生产制造过程的成本，还可以弥补开发与使用环节对企业资源的消耗，确保企业在产品生命周期内能够收回成本并获取合理利润。对整个价值链的成本有了整体把握之后，企业还可以将处于不同产品生命周期阶段的产品进行组合，实现盈利的均衡性和长期性。

二、成本的分类

在财务会计核算中，通常将产品成本划分为直接成本和间接成本。而在管理会计中，财务分析人员或管理者通常根据成本与业务量的依存关系，将成本按照性态划分为固定成本、变动成本和混合成本。由于各类混合成本均可以看作变动成本与固定成本的组合，因此，分析人员在进行成本分析时，应当对变动成本和固定成本采用不同的分析方法和控制手段。

除此之外，根据成本是否可以控制，将成本分为可控成本与不可控成本。根据成本是否与人员相关，将成本分为人工成本与非人工成本。这些关于成本的分类将贯穿于成本分析过程中，辅助管理者进行成本管理与决策。

可控成本指在特定时期内特定责任中心能够直接控制其发生的成本。可控成本通常应同时满足以下三个条件，否则为不可控成本：（1）成本中心有办法知道将发生哪种性质的耗费；（2）成本中心有办法计量它的耗费；（3）成本中心有办法控制并调节它的耗费。比如，对于销售部门来说，生产部门发生的产品成本即为不可控成本。

再如，对于生产部门来说，机器设备折旧也是不可控成本。需要注意的是，对于公司整体来说，几乎所有的成本都是可控的，仅存在税金、专利费等极少的外部成本无法由企业控制。

人工成本指企业在各价值链环节上人工消耗或劳动耗费的货币表现，主要包括工资、奖金、津贴、补贴、职工福利、社会保险费、住房公积金、工会经费、职工教育经费、辞退福利、非货币性福利等。

第 2 节　成本预测

作为一家成熟的生产型企业，E 公司多年来建立了较为完善的销售渠道。不同于自产自销，E 公司并未设立自己的品牌门店，只通过经销商对外销售。其产品一部分通过线下经销商销售，一部分通过线上经销商在网上销售。但无论是线上销售还是线下销售，E 公司仅直接面对一级经销商，一级经销商再向下发展二级、三级代理商，这样可以分散 E 公司的销售风险。E 公司承诺，给予一级经销商购货总价值的一定比例作为销售返利。为了扩大销量，维持与经销商的良好合作关系，E 公司各年度对外财务报告中的销售费用都占相当大的比例。

据了解，E 公司拥有行业内顶尖的分析团队，其工作内容不再是对公司的公开财务报表数据进行指标分析，而是结合公司的经营模式进行经营活动分析，从而为业务端提供有利于业务改进的分析结果。那么，对于 E 公司这样的生产销售模式，分析团队应当如何进行成本预测呢？

一、成本预测的定义

财务人员根据成本的性态、特征，运用一定的方法和技术，综合考虑各种因素，对预测期间各项生产成本（如原材料、员工工资、生产车间的水电气费）和期间费用（如广告费、销售人员薪酬）进行预测。

二、成本预测的步骤和方法

在得到最终预测的利润之前，除了收入的预测，成本的预测也必不可少。那么，如何进行成本预测呢？成本预测是否与收入预测一样呢？实际上，相比于收入预测，成本的预测范围更广、预测内容更复杂，因此，在进行成本预测时要有不同的侧重点。成本预测的一般步骤如图 7-1 所示。

1. 确定成本预测的范围，整理分类成本项目

一个企业的开支项目非常多，确定预测的范围至关重要。一方面，需要区别成本开支和费用开支，在预测产品成本时，不能将费用开支计入成本，比如利息费用、广告费用。另一方面，在确定成本范围时不遗漏，尽量全面高效地收集成本信息，确定完整的成本预测范围。

明确了所有预测的成本项目后，还需要对其进行科学整理、分

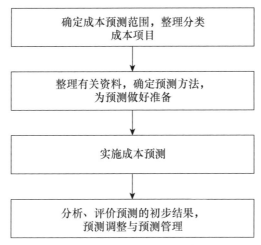

图 7-1　成本预测的一般步骤

类，便于后面实施预测与成本管理。那么如何进行分类，如何确定重大的成本项目呢？常见的方法有标准成本法、价值链分析法和作业成本分析法。

（1）标准成本法。标准成本法是一套非常成熟的成本预测方法。想要预测产品的成本，需要先了解产品成本的结构，有三个重要的概念：①和产品生产直接相关的直接材料成本；②和产品生产的人力相关的直接人工；③和产品生产相关的厂房、设备等制造费用。

了解了这三种成本，就需要根据不同性质的成本进行预测。

①直接材料成本。不仅需要根据当期的采购价格来预测当期的成本，还要根据该原材料的供应情况以及市场的价格波动来预测成本在未来一段时间的走势。

②直接人工。要根据不同产品工艺的复杂程度计算生产一定数量产品的成本是多少。

③制造费用。要根据当月生产完工的产品数量进行摊销，如表7-2所示，工厂的固定制造费用是50元，当月的生产数量是10台，那么10台就要承担50元的固定费用，如果当月生产数量为11台，那么每台费用就是50/11元。

表7-2　固定成本的预测

成本项目	单位金额	数量	总金额
直接材料	10 元	10	100
直接人工	30 元	10 小时	300
变动制造费用	10 元	10 小时	100
变动成本			500
固定制造费用			50
总成本			550

这三类成本的总和是完全成本，完全成本/销售预测的数量＝单台标准成本，因此可以根据单台标准成本来预测销售利润。当然销售预测和生产预测存在差异，因此每月底真实结算出来的生产成本和标准成本是有偏差的，这种偏差可以在下期预测中滚动修正。

标准成本法通常适用于原材料成本在总成本中占比较大的制造型企业。

（2）价值链分析法。价值链分析法通过研究价值链的构成，以采购、物流、销售、售后服务以及研发、财务、人力资源、技术活动等增值环节作为分类基础，预测各环节的成本。价值链分析法适用于商业企业，主要涉及商品的采购与销售，考虑各个环节的相应成本，并保证周转的速度，从而避免存货贬值带来的额外损失。

（3）作业成本法。作业成本法又称 ABC 分析法。作业成本法和标准成本法很像，都适用于生产制造型企业，但其核心是"作业是成本计算的核心和基本对象"。可以通过分析企业中不同的作业和成本动因，对成本项目进行分类，因此，它比较适用于生产制造过程复杂、作业成本多，但原材料成本核算相对简单的制造型企业。

与标准成本法不同，固定成本不是按照预算活动进行分摊，而是按照预算作业水平下的成本进行分摊。

2. 整理有关资料，确定预测方法，为预测做好准备

和之前讲述的思路大体一样，首先是了解商业模式、价值链、公司战略，然后考察原材料成本、人工成本和固定成本。

3. 实施成本预测

预测成本常见的方法有增量预算法、零基预算法和成本动因法。增量预算法和收入预测中的时间序列法类似。在实际预测时，尽量选择成本动因法，将成本的变动追溯至实际资源和作业层面，可以减少主观因素对成本预测的影响。常见的成本预测方法如表 7 - 3 所示。

表 7 - 3　常见的成本预测方法

预测方法	介绍	举例（制造企业）
增量预算法	与收入预测的时间序列法相同，以基期成本为基础，结合预算期业务量水平，对企业成本进行预测	预测约束性固定成本，如基本工资、社保，可以保持上年度数据不变；预测有降低空间的酌量性固定成本，如差旅费、办公费，可以调降一定百分比

续表

预测方法	介绍	举例（制造企业）
零基预算法	不考虑以往会计期间所发生的费用项目或金额，而是从零出发，结合预期业务水平和管理要求进行预测	对某些专项成本，如大修、研发，可以根据项目计划或设计方案进行预测
成本动因法	主要用于预测营业成本，将预期成本与成本驱动因素的目标值、变化联系在一起来进行预测	预测办公费时，办公费的驱动因素为人数，可以从人员变动入手进行预测

4. 分析、评价预测的初步结果，预测调整与预测管理

第 5 章财务预测与分析中已详细介绍过，不再赘述。

第 3 节　成本分析

一、量本利分析/盈亏平衡分析

生产制造型企业会用到两种成本预测方法：一种是标准成本法；另一种是作业成本法。因为生产制造环节产生了变动成本和固定成本，所以为了达成公司的经营目标，要知道产品的生产数量达到多少时才能实现盈亏平衡。

如图 7－2 所示，首先要知道销量和总成本之间的关系；其次，如果产品的价格是由市场决定的，要计算销量达到多少能实现盈亏平衡。当然实际业务中成本核算是非常复杂的，因此把握了盈亏平衡点就把握了公司经营的关键。

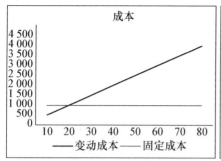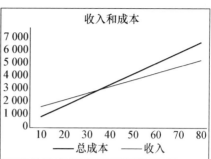

图 7-2　量本利分析法

二、产品盈利分析

产品盈利分析包括直接产品盈利能力分析和产品盈利能力分析。

$$\frac{直接产品}{盈利能力} = \frac{每年直接产品}{总贡献} - \frac{每年归属到产品的}{非生产成本}$$

$$产品盈利能力 = \frac{每年直接产品}{和互补品总贡献} - \frac{每年归属到产品的}{非生产成本}$$

传统的产品成本是生产制造成本，由于公司战略、商业模式、价值链不同，产品成本也会不同，比如一家企业进入同质化竞争，和竞争对手相比生产制造成本没有优势，只能通过营销和服务来提高企业竞争力，虽然渠道销售、市场推广和售后服务方面的支出没有计入生产成本，但盈利分析应该加以考虑。很多传统企业都在向数字化转型，相关的 IT 投入与日俱增，这部分开支如何纳入盈利分析，如何引导产品定价是产品盈利分析应该考虑的问题。

三、客户盈利分析

客户盈利分析是比较客户产生的成本和收入。

$$客户利润 = \frac{每年销售给该}{客户产生的贡献} - \frac{每年归属到该}{客户的非生产成本}$$

盈利分析主要是针对 B2B 企业。这些企业面对大量的客户，有些客户的销量大但价格压得低，有些客户虽然销量不大，但是没有议价能力，因此利润比较高。针对不同的客户要进行分析，合理分配高销量客户和高利润客户的比例，实现利润最大化。

四、营业毛利率分析

(一) 营业毛利率的定义

营业毛利率，又名销售毛利率，反映毛利在营业收入中的占比。毛利占比越高，企业获得的当期利润就越大。

$$营业毛利率 = 毛利/营业收入 \times 100\%$$
$$= (营业收入 - 营业成本)/营业收入 \times 100\%$$

在财务会计核算中，毛利为营业收入与营业成本的差额，但是不同的企业对毛利的定义有所不同。对零售与批发企业来说，毛利指企业当期销售产品的进销价差；对制造企业来说，毛利指企业当期销售商品的收入扣除与生产产品相关的成本后的净额；对服务企业来说，毛利指当期劳务收入与劳务成本的差额。不同企业的财务会计对毛利的定义如表 7-4 所示。

表 7-4　不同企业的财务会计对毛利的定义

企业类型	毛利定义
制造企业	销售收入－生产成本
零售与批发企业	销售价格－购进价格
服务企业	劳务收入－劳务成本

如果对第 2 节提到的 E 公司进行传统的财务分析，其毛利就是销售收入与生产成本的差额。但销售是 E 公司业务流程中的重要环节，因销售而产生的巨大支出不可忽视，而传统财务会计核算的毛利完全忽略了巨额销售费用对盈利的影响，这样的毛利能否为业务的改进提供参考？

显然，在管理会计视角下，毛利的计算方法应当区别于传统的财务会计核算方法，公式中的成本项所对应的范围更广。管理会计中的成本不再拘泥于财务会计核算中对成本和期间费用的严格划分，而要从内部管理需求出发，将一切与产品或服务对应的、能为企业创造收入的支出全部作为成本从收入中扣除，从而计算出管理者所需要的毛利。

（二）毛利及营业毛利率的测算

1. 从企业类型出发测算毛利及营业毛利率

在实务中，根据价值链各环节的划分，财务人员可以对企业整体毛利进行不同的定义，从而计算出适应不同管理目标的毛利率。

比如，对零售与批发企业来说，毛利要在进销价差的基础上扣除因扩大销售产生的销售费用；对从事生产销售的制造企业来说，毛利要在财务会计毛利的基础上扣除销售环节产生的销售费用；对提供软件开发、游戏设计等服务的企业来说，毛利要在财务会计毛利的基础上扣除研发和销售环节产生的研发成本和销售费用。也就是说，价值链上创造主要收益的支出都要纳入成本范围，在计算毛利时扣除。

对照表7-4，服务于企业管理目标的毛利的定义如表7-5所示。

表7-5 不同企业的管理会计对毛利的计算

企业类型	毛利定义
制造企业	销售收入－生产成本－销售费用
零售与批发企业	销售价格－购进价格－销售费用
服务企业	劳务收入－劳务成本－研发成本－销售费用

也就是说，对前面提到的E公司来说，销售是为企业创造收入的重要环节，虽然该环节产生的费用在会计核算中记入期间费用科目，但在经营活动分析中，企业整体毛利中的成本扣除项应当包括销售环节产生的销售费用。

【案例1】C公司毛利率测算

C公司是一家3C产品（计算机、通信、消费类电子产品）零售公司，是典型的贸易企业。C公司的经理认为本公司当年的商品毛利率很高，足以让企业获得丰厚利润，因而计划在下期提高销售人员的工资薪金作为激励。但是，这一决策却遭到财务分析师的质疑。

经理和财务分析师分别拿出自己的毛利率测算表，如表 7-6 所示。

表 7-6　C 公司毛利率测算表

	经理的毛利率测算表	财务分析师的毛利率测算表
(1) 营业收入	150	150
(2) 营业成本	60	60
(3) 销售人员成本	30	30
(4) 变动销售费用	20	20
(5) 固定销售费用	10	10
(6) 商品毛利	(1)−(2)=90	(1)−(2)−(3)−(4)−(5)=30
(7) 商品毛利率=(6)÷(1)	60%	20%

财务分析师认为，价值链上创造主要收益的部分都要计入成本，那么对商业企业来说，创造收益最多的自然是销售环节，因此有必要在计算毛利时从营业收入中扣除销售人员成本、变动销售费用以及店面租金等固定销售费用，得出企业真实的利润。而经理在测算毛利率时，只使用了对外公开的财务报告数据，并不能满足内部管理的目标，因而对企业的经营状况做出了错误的判断。

了解了财务分析师的毛利率测算方法之后，经理是否还会做出提高销售人员工资薪金的决策呢？

【案例2】S公司毛利率测算

　　S公司是一家大数据公司，其主要业务是为客户提供加工后的各类数据。分析师甲和分析师乙就S公司的企业类型及毛利率展开了讨论。

　　分析师甲认为S公司属于服务型企业，成本结构中最主要的是员工加工数据过程中产生的劳务成本，因此S公司的毛利为营业收入扣除劳务成本的差额。毛利率测算表见表7-7。

表7-7　分析师甲的毛利率测算表

	D	E	F	合计
营业收入	70	70	160	300
加工成本	20	10	30	60
毛利	50	60	130	240
毛利率	71.43%	85.71%	81.25%	80.00%

　　根据毛利率测算结果，分析师甲认为S公司各类服务的毛利率惊人，是一家盈利状况极好的公司。

　　分析师乙持有不同的意见，了解S公司的业务流程后，他认为S公司属于生产型企业。首先，S公司的待加工数据并不能凭空产生，需要到市场上购买原始数据，这是产生成本的第一个环节。其次，S公司的员工需要从购买的非结构化数据中抓取有用信息，并对数据和信息进行整理和加工，这是产生成本的第二个环节。最后，由于S公司没有代理商，只能对客户直接销售，因此会产生销售费用，应当计入管理会计范畴的成本中，所以这是产生成本的第三个环节。经过梳理，S 公司的主要业务流程如下：

购买原始数据→加工整理数据→销售成品数据

其中，第一个环节类似于生产型企业的直接材料，第二个环节相当于生产型企业的直接人工。因此，S 公司属于生产型企业，分析师甲在不了解业务流程的情况下做出的判断并不准确。随后，分析师乙按产品分类对 S 公司的毛利率进行了测算（见表 7-8）。

表 7-8　分析师乙的毛利率测算表

	A→D	B→E	C→F	合计
营业收入	70	70	160	300
采购成本	30	20	50	100
加工成本	20	10	30	60
销售费用	40	40	20	100
毛利	−20	0	60	40
毛利率	−28.57%	0.00%	37.50%	13.33%

注：A、B、C 代表购入的原始数据，D、E、F 代表销售的成品数据。

上述两种毛利率测算结果直观地展现了因财务分析人员对企业类型的判断不一样对毛利率测算产生的巨大影响。结合 S 公司的业务流程对毛利进行重新定义后，D 产品的毛利率不但无法达到分析师甲测算的 71.43%，甚至处于亏损状态；E 产品的毛利率为零，并不能为 S 公司带来净利润；F 产品虽然在考虑各项成本后仍然保持盈利，但毛利率大幅缩水，远低于分析师甲的判断。从 S 公司整体出发，虽然 F 产品的收入能够在一定程度上弥补其他两类产品的成本，但是这导致 S 公司的真实毛利率不太理想。如果 S 公司相信了分析师甲的判断，未来很有可能做出错误的决策。

上述 S 公司的数据虽然略显夸张，但可以揭示深刻的道理。充分了解企业的业务流程是进行一切财务分析的基础，所以未来的财务分析人员不能仅根据财务报表数据对企业毛利率进行测算。只有明确产生支出的环节，识别与创造收益有关的成本，才能精准把握企业的盈利情况，否则会犯与分析师甲同样的错误，影响企业的未来决策。

小提示

上述 S 公司属于直销企业，销售费用要计入毛利成本，但并不是所有的生产企业都要将销售费用纳入毛利予以考量。

成熟的生产型企业通常会通过代理商向客户销售产品，其销售费用比例会大幅降低且与获取收益的联系并不密切，因此销售费用可能不会计入毛利的成本项。

2. 从绩效评价标准出发测算毛利及营业毛利率

根据企业类型对企业整体毛利进行定义后，在同一企业内，不同部门之间因为对员工的绩效评价标准不同，还会对毛利重新定义，用以评价各部门员工的绩效完成情况。比如，对生产部门来说，管理者只关注与生产成本相关的毛利率，这时用以评价业绩的毛利率可能与传统财务会计的测算方法一致；对销售部门来说，拓展销售渠道、供应商折扣等营销支出都应当计入毛利的成本项；对售后服务部门来说，在计算毛利时要扣除提供售后服务的支出，测算的毛利率会略低于生产部门的测算结果，如表 7‑9 所示。

表 7‑9　不同部门的毛利绩效评价标准

部门类型	毛利绩效评价标准
生产部门	销售收入－生产成本
销售部门	销售收入－生产成本－营销成本
售后服务部门	销售收入－生产成本－营销成本－售后服务

【案例3】X 公司毛利率测算

X 公司是一家管理会计体系较为完善的生产销售企业，并为客户提供售后服务。年末，管理者根据毛利率对生产部门和售后服务部门进行绩效评价。X 公司的销售政策是：通过各级代理商向客户销售，一级代理商每实现 100 元营业额会收到 X 公司支付的 10 元返利。X 公司不同部门的毛利率测算如表 7‑10 所示。

表 7‑10　X 公司不同部门的营业毛利率测算表

	生产部门	售后服务部门
营业收入	1 000	1 000
营销成本（销售返利）	100	100
生产成本	500	500
质量保证成本	—	100
毛利	400	300
毛利率	40%	30%

在管理会计视角下，计算毛利率的关键在于了解企业的业务流程，确定价值链上创造主要收益的环节，进而明确成本的定义，这样才能根据管理目标计算出能真实反映企业盈利能力的指标。得到毛利及毛利率的测算结果后，财务分析人员可以按照下文的思路对这项指标进行分析，从而指导企业未来的生产经营决策。

(三) 对毛利及毛利率的分析

传统的毛利率分析是基于财务会计核算的分析，分析人员仅根据财务报告披露的营业收入与营业成本进行计算和分析。这样的分析方法只考虑生产成本或劳务成本对毛利的影响，对规模较小、业务单一的企业或许适用；但对规模较大、业务范围覆盖价值链多个环节的企业来说，无法满足内部管理的需求，也无法为企业的未来决策提供指导。

在管理会计视角下，企业应当根据自身的业务范围和绩效评价标准计算毛利和毛利率，这样才能更准确地反映商品和服务的收入所对应的直接和间接耗费。

分析毛利及毛利率不能只停留在分析它们的趋势变动和同比变动上，也不能只关注实际毛利和毛利率与预算的差异，这样的分析是财务分析人员自说自话，浮于表面，不能为业务部门提供决策指导，也不能优化企业的战略规划。

想要对毛利及毛利率进行更细化的分析，就需要对影响它们的驱动因素有更深层次的理解。为了明确毛利及毛利率的驱动因素，可以对前文提到的毛利率公式做适当的分解和改造：

$$毛利率＝毛利/营业收入×100\%$$

$$营业收入＝\sum 产品\ i\ 的销售单价×产品\ i\ 的销售量$$

$$毛利＝\sum 产品\ i\ 的单位毛利×产品\ i\ 的销售量$$

$$产品\ i\ 的单位毛利＝产品\ i\ 的销售单价－产品\ i\ 的单位成本$$

$$\begin{array}{l}产品\ i\ 的\\ 销售量\end{array}＝当期总销售量×产品\ i\ 的数量比例$$

$$＝当期总销售量×(产品\ i\ 的销售量/当期总销售量)$$

在上述公式中，产品的数量比例不同，各产品的占比也各有不同，这就是我们常说的产品结构。产品结构与企业战略息息相关，对企业未来的盈利能力有重大影响。

分解后的公式直观展现了毛利及毛利率的驱动因素。产品的销售单价、单位成本、销售量以及企业的产品结构都可以成为变量，对毛利及毛利率产生影响。

如果将所有驱动因素在一个公式中展现，将得到如下结果：

$$毛利率＝毛利/营业收入×100\%$$

$$毛利＝\sum \{(产品\ i\ 的销售单价－产品\ i\ 的单位成本)$$
$$×[当期总销售量×(产品\ i\ 的销售量/当期总销售量)]\}$$

$$营业收入＝\sum \{产品\ i\ 的销售单价×[当期总销售量$$
$$×(产品\ i\ 的销售量/当期总销售量)]\}$$

显然，财务分析人员很难同时考虑所有驱动因素的变化对毛利及毛利率产生的影响，因此需要单独对销售、毛利与成本进行分析。在收入分析中已经详细介绍过对销售的驱动因素进行分析的方法，在本节中，可用类似的方法对毛利进行分析。但需要明确的是，由于销售、毛利与成本的驱动因素互有重叠，所以三者的分析实际上是不可割裂的，要注意对驱动因素的综合运用。

进行毛利分析的起点是对毛利差异的分析，这种差异既可以是随时间变化产生的同比差异，也可以是实际耗费数与预算数之间的差异，还可以是实际数与标准数之间的差异。根据前文对公式的分解，引起毛利差异的因素有产品的销售量、单位毛利和数量比例，即量差、价差和产品结构。

具体来说，当企业只生产一种产品，情况就比较简单，能够影响其毛利的只有单位毛利和销售量两个因素。但是，当企业生产多种产品时，除了上述两个因素外，还有产品结构（也就是每种产品各销售多少）因素。

举一个简单的例子，假设某公司只生产 A 和 B 两种产品且二者的单位毛利均保持稳定，2017 年、2018 年两种产品的总销售量均为 100 件，其他信息如表 7 - 11 所示。

表 7 - 11 产品结构对毛利的影响

	2017 年			2018 年			毛利差异
	A 产品	B 产品	合计	A 产品	B 产品	合计	
单位毛利	2	1	—	2	1	—	—
销售量	60	40	100	50	50	100	—
数量比例	60%	40%	100%	50%	50%	100%	—
毛利	120	40	160	100	50	150	—10

这个简单的例子可以说明，在其他条件不变的情况下，产品结构的变化可以影响毛利的金额。毛利高的产品在销售量中所占的比例越大，企业的整体毛利水平越高；毛利低的产品在销售量中所占的比例越大，企业的整体毛利水平越低。因此在分析毛利变动原因时，产品结构的变化不可忽视。这个结论可以延伸到 3 个、4 个以及更多的产品种类，只是计算过程更为复杂。

计算量差、价差和产品结构对毛利变动的影响，原理其实很简单。只要运用控制变量的思想，固定其中两个变量，便可得到第三个因素对毛利变动的影响程度。这里将通过一个实例来介绍如何计算量差、价差与产品结构对毛利差异的影响。

【案例 4】Y 公司毛利分析

Y 公司是一家生产型企业，生产 A、B、C 三种产品。2018 年末，财务分析人员对 Y 公司的当年盈利情况进行分析，并制作了如表 7 - 12 所示的毛利分析表。观察毛利分析表，财务分析人员能够得出哪些结论？

表 7 - 12 Y 公司毛利分析表

Y公司毛利分析表		A产品	B产品	C产品	合计	影响比重
2017 年	销售量	80	45	75	200	
	单位毛利（1）	3	2	1	2.03	
	毛利	240	90	75	405	
	数量比例（2）	40%	23%	38%	100%	
2018 年	销售量	150	90	60	300	
	单位毛利	4	1	2	2.70	
	毛利	600	90	120	810	
	数量比例（3）	50%	30%	20%	100%	
差异	销售量	70	45	−15	100	
	单位毛利（4）	1	−1	1	0.68	
	毛利	360	—	45	405	
	数量比例（5）	10%	8%	−18%	0%	
量差	销售量（6）	120	45	37.5	202.5	50.00%
	产品结构（7）	90	45	−52.5	82.5	
	小计	210	90	−15	285	
价差（单位毛利差）	单位毛利（8）	120	−67.5	112.5	165	40.74%
	产品结构（9）	30	−22.5	−52.5	−45	
	小计	150	−90	60	120	
产品结构	（10）＝（7）＋（9）	120	22.5	−105	37.5	9.26%
总差异		360	0	45	405	100.00%

注：图中计算公式如下所示，公式中数字均并不涉及"合计"和"影响程度"列。

（6）＝（300－200）×（1）×（2）

（7）＝300×（1）×（5）

（8）＝300×（4）×（2）

（9）＝300×（4）×（5）

从表中可以看到，2018 年 Y 公司整体毛利增加了 405 元。以毛利驱动因素来看，销售量变化使毛利增加了 202.5 元，占毛利变化的 50%；单位毛利变化使毛利增加了 165 元，占毛利变化的 40.74%；产品结构的变化导致毛利增加 37.5 元，占毛利变化的 9.26%。财务分析人员很容易认为公司当年整体销量增加且毛利增加，各因素均对毛利产生了有利影响，Y 公司 2018 年的生产经营看起来并没有问题。但是，只要简单观察表格中的数据，就会发现某些产品的驱动因素中存在负值，这意味着这些产品的驱动因素实际上对公司的整体毛利产生了不利影响。

因此，在分析毛利时，仅关注公司整体数据远远不够，想要发现生产经营中存在的问题，需要从更细的维度入手。

在按照产品种类分析各驱动因素对毛利的影响时，可以发现：

A 产品使 Y 公司整体毛利增加了 360 元，其单位毛利一直在三种产品中占据首位，2018 年销售量、单位毛利和数量比例均有所提高，对 Y 公司的整体毛利变化产生了有利影响。

B 产品未对 Y 公司整体毛利产生影响，其单位毛利在 2018 年有所下降，成为单位毛利最低的产品。与此同时，B 产品的销售量和数量比例却在上升。表中数据显示，B 产品单位毛利的变动产生了不利影响，而销售量与产品结构的变动抵消了上述不利影响，使 B 产品的毛利与 2017 年相比未发生变化。这也给财务分析人员这样的启发，平静的湖水下可能暗流涌动，毛利不变的产品也可能存在问题，财务分析人员应当对所有产品都保持应有的关注。

C 产品使 Y 公司整体毛利增加 45 元，其单位毛利在 2018 年有所上升，但销售量和数量比例却有所下降。根据表中数据，销售量与产品结构的变动对 Y 公司整体毛利产生了不利影响，但这种不利影响最终被价差的影响全部抵消，反而使 B 产品呈现毛利上涨的情况。由此可以合理推断，如果 Y 公司改变营销策略，在 C 产品单位毛利上涨的情况下提高 C 产品的销售量和数量比例，或许 Y 公司在 2018 年可以获得更高的毛利。这带给我们的启示是，即使是毛利上涨的产品，在更细化的驱动因素上也会存在需要改进的地方。

根据每种产品的分析结果，财务分析人员应当及时与业务部门沟通，对单位毛利、销量以及产品结构进行调整，一方面为公司下一年的盈利预测提供依据，另一方面便于公司制定战略规划。

上述案例只设置了产品的一级分类，在实务中还存在产品种类更丰富的生产型企业，A 产品作为一个产品大类可能还会存在 D、E、F 等二级、三级分类，财务分析人员可以在此基础上进行更细的分析。

毛利降低必然会影响产品以及公司的获利能力，所以对于毛利的变动应当及时查明原因并进行管理和控制。

Power BI 应用

教育机构毛利率预测

某教育机构想要充分了解收入和成本费用对毛利率的影响，实现预测毛利和增收的目标。据调查，该教育机构的收入受到学员数量和学费价格的影响，成本费用则受到教授课酬、差旅费、活动费用及其他各类费用的影响。毛利率的动因如此复杂，运用传统的方法逐项分析工作量太大，可以使用 Power BI 制作毛利率预测报告，如图 7 - 3 所示。

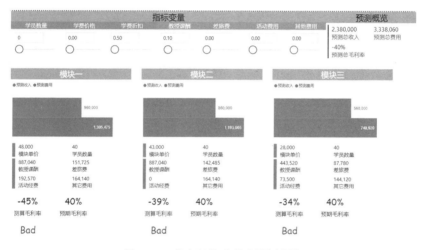

图 7 - 3　教育机构毛利率预测报告

温馨提醒：

　　进入公众号"康思迪易分析"输入"成本预测"，或扫描下面的二维码查看动态 Power BI 报表。

1. 毛利率动因

在预测中变量指标的选择非常重要。如图 7-4 所示，左侧是使用切片器功能制作的变量指标，包括收入变量指标和成本费用变量指标。右侧则是使用卡片图根据一定公式推导出的预测总收入、预测总费用和预测总毛利率。

指标变量							预测概览	
学员数量	学费价格	学费折扣	教授课酬	差旅费	活动费用	其他费用	2,380,000	3,338,060
0	0.00	0.50	0.10	0.00	0.00	0.00	预测总收入	预测总费用
○	○	○	○	○	○	○	-40%	
							预测总毛利率	

图 7-4 毛利率动因指标

在左侧填入期望预测的数值或拖动调整数值，在右侧会看到变量改变后企业总体情况的改变。例如，在学费提高 10％且教授课酬增加 20％的情况下，虽然总收入和总费用均在增加，但毛利率却由 34％下降至 32％。

2. 课程毛利率预测与判断

如图 7-3 所示，该教育机构的课程分为三个模块，每个模块的成本费用都有差异，为提高准确性和针对性，对每个模块进行预测。

以模块一为例，毛利率的测算结果与预期数值属于报告的重要数据，使用卡片图直观地展示出来；由于毛利率与收入和成本费用各动因息息相关，因此使用簇状图表示预测收入和预测费用并标上重要的变量数据。

为了一目了然地看出测算毛利率与预期毛利率之间的差异，即改变一系列变量后毛利率是否能够达到预期水平，我们增加了自动判断标准。当测算毛利率达到或超过预期毛利率，则为"Good"；否则为"Bad"。例如，在学费价格上涨 10％的情况下，模块二和模块三的测算毛利率均超过预期毛利率，系统判定为"Good"，但是模块一仍旧为"Bad"，说明该条件下虽然模块二和模块三完成了指标，但是模块一的测算毛利率没有达到预期水平，如图 7-5 所示。这样报告阅读者就没有必要逐个模块去看毛利率是否达到预期水平，通过"Good"和"Bad"标记就能找出不达标的模块，进而找到解决方法。

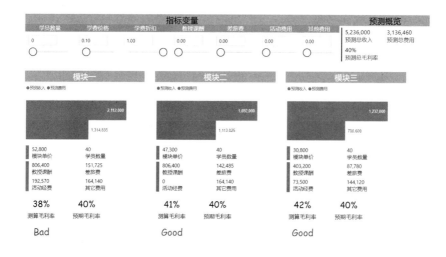

图 7-5 课程各模块毛利率预测（调整后）分析

有了基于 Power BI 的毛利率预测报告，该教育机构能够通过简单操作调整变量并即时看到变量对毛利率的影响，大大节省了传统预测的成本，提高了决策效率。

本章要点

1. 与财务会计视角下的毛利测算相比，管理会计视角下的毛利测算有什么不同？

在管理会计视角下，不再拘泥于财务会计核算中对成本和期间费用的严格划分，将一切与产品或服务对应的、能为企业创造收入的支出全部作为成本从收入中扣除，也就是说，价值链上创造主要收益的支出都要纳入成本范围，从而计算出管理者所需要的毛利。

2. 在管理会计中哪些属于产品成本？

在管理会计中，产品成本是为特定管理目标服务的成本分配结果，它的具体含义取决于其所服务的管理目标。无论在财务会计核算中记入成本类科目还是费用类科目，只要是与取得收入直接相关的支出，都可以包括在管理会计的成本管理范畴中。

3. 简要说明成本分析的基本思路。

成本分析的起点是对成本差异的分析，这种差异既可以是随时间变化产生的同比差异，也可以是实际耗费数与预算数之间的差异，还可以是实际数与标准数之间的差异。对于差异，可以按照量差、价差和产品结构三项驱动因素进行单独分析，确定其对公司整体成本变动的影响。

第 8 章/*Chapter Eight*

费用预测与分析

学习目标

- 理解经营活动分析中费用的定义与分类
- 掌握费用的分析方法
- 了解实务中的费用分析思路

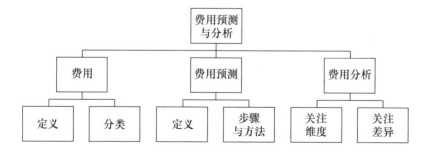

前两章介绍了盈利预测中的收入预测和成本预测，以及收入和成本数据分析思路。本章将讲解盈利预测中的最后一环——费用预

测。希望读者对盈利预测与分析形成一个完整的思路。

第1节 费用的定义与分类

一、费用的定义

费用是指企业在日常活动中发生的、会导致所有者权益减少的、与向所有者分配利润无关的经济利益的总流出。

在财务会计核算中，费用通常指各期发生的无法分配给特定产品的全部期间费用。但在管理会计中，费用指所有支出中扣除管理会计范畴的成本之后的剩余部分。结合前文对管理会计成本的定义，划分为费用的支出是那些不能在价值链的某一环节上为企业创造主要收益的支出。如果财务会计核算中的期间费用可以在价值链上为企业创造主要受益，那么在管理会计中也应当纳入成本范畴，而不在费用类别下进行分析。

二、费用的分类

在财务会计中，期间费用是指企业本期发生的、不能直接或间接计入某种产品成本的、直接计入损益的各项费用，包括管理费用、销售费用和财务费用。

管理费用是指企业为组织和管理生产经营所发生的，包括企业在筹建期间发生的开办费、董事会和行政管理部门在企业经营管理中发生的或者应由企业统一负担的公司经费（包括行政管理部门职工工资及福利费、物料消耗、低值易耗品摊销、办公费和差旅费等）、工会经费、董事会费（包括董事会成员津贴、会员费和差旅费等）、聘请中介机构费、咨询费（含顾问费）、诉讼费、业务招待费、技术转让费、矿产资源补偿费、研究费用、排污费以及行政管理部门等发生的固定资产修理费用等。

销售费用是指企业在销售商品和材料、提供劳务的过程中发生的各种费用，包括企业在销售商品过程中发生的保险费、包装费、展览费和广告费、商品维修费、装卸费，以及为销售本企业商品而专设的销售机构（含销售网点、售后服务网点等）的职工薪酬、业务费、折旧费、固定资产修理费用等。

财务费用是指企业为筹集生产经营所需资金等发生的筹资费用，包括利息支出（减利息收入）、汇兑损益以及相关的手续费、企业发生的现金折扣或收到的现金折扣等。

按照管理会计的分析思路，上述期间费用中的销售费用发生在价值链的营销/销售环节，作为成本的一部分进行管理。而财务费用主要产生于企业的投融资行为，财务费用的管理将在偿债能力分析中进行详细阐述。管理费用包含未能资本化的研发支出，这一部分也应当作为研发环节创造价值的支出纳入成本分析范围。因此，本节实际上只针对管理费用中不能为公司创造主要收益的部分提供分析思路。

与成本的分类类似，费用也可以按照性态分为变动费用和固定费用，比如，管理人员工资属于变动费用，管理用固定资产折旧属于固定费用；按照费用是否可以控制分为可控费用和不可控费用，比如，差旅费和业务招待费属于可控费用，房租属于固定费用；按照与员工的相关性分为人力费用和非人力费用，比如，管理人员工资属于人力费用，物料消耗等属于非人力费用。

这些费用的分类是相互重叠的，变动费用不一定是可控费用，而固定费用未必是不可控费用。财务分析人员应当关注对可控费用的管理，并按照性态或与员工的相关性等分类进行评价。

第 2 节　费用预测

在得到最终预测的利润之前，除了收入和成本的预测，费用的预测也必不可少。那么如何进行费用预测呢？费用预测是否跟收入预测一样呢？实际上，与收入预测相比，费用的预测范围更广、预测内容更复杂，因此，在费用预测时要有不同的侧重点。费用预测的一般步骤如图 8-1 所示。

1. 确定费用预测范围，整理分类费用项目

一个企业的开支项目非常多，所以确定预测的范围至关重要。从管理会计的角度来讲，费用可分为两类：人员费用和非人员费用。人员费用又可以分为人员工薪及福利，这类费用和人数相关；另一种是人员的差旅费、会议费等，和人数没有直接关联。费用还可以根据用途分类，比如，同样是人员费用，生产工人的工资及福利会计入直接制造费用，生产管理人员的工资及福利会结转到间接成本中，客户服

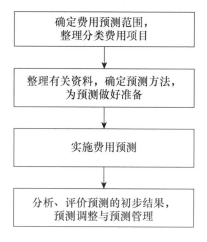

图 8-1　费用预测一般步骤

务人员的工资及福利会结转到服务成本中。因此，在预测费用时，公司可以从管理的角度或者根据用途去预测，方法有两种。

（1）访谈法。访谈法是指通过与管理人员、业务人员面对面交流，把握重要的成本项目和信息。比如，管理人员认为当前差旅费偏高，需要重点关注。在本年度费用预测时，财务分析人员可以单独将差旅费列出来，并进一步分类，在此基础上分析是否有降低的空间并做出预测。

（2）价值链分析法。价值链分析法是通过研究价值链的构成，以采购、生产、物流、销售、售后服务，以及研发、财务、人力资源、技术活动等增值环节作为分类基础，预测各环节的费用水平。价值链分析法适用于制造企业。

2. 整理有关资料，确定预测方法，为预测做好准备

3. 实施费用预测

预测费用常见的方法有增量预算法、零基预算法和成本动因法（见表 8 - 1）。增量预算法和收入预测中的时间序列法类似。在实际预测时，尽量选择成本动因法，将成本的变动追溯到实际资源和作业上，可以减少主观因素对费用预测的影响。

表 8 - 1　常见的费用预测方法

预测方法	介绍	举例
增量预算法	与收入预测的时间序列法相同，以基期费用为基础，结合预算期业务量水平，对费用进行预测	预测各部门费用，如基本工资、社保，可以保持与上年度数据不变；预测有降低空间的酌量性费用项目，如差旅费、办公费，可以通过集中采购等手段降低费用水平
零基预算法	不考虑以往会计期间所发生的费用项目或费用数额，而是从零出发，结合预期业务水平和管理要求进行预测	预测某些专项费用，如咨询、研发，可以根据项目计划或设计方案预测
成本动因法	主要用于将由驱动因素决定的目标值、变化联系起来进行预测	预测办公费时，办公费的驱动因素为人数，可以对人员变动进行预测

4. 分析、评价预测的初步结果，预测调整与预测管理

这部分内容在第 5 章财务预测与分析中有详细介绍。

第3节　费用分析

一、费用分析方法

（一）关注维度

根据企业提供的商品与服务的不同，费用分析关注的维度各有

不同，基本上可以从业态（产品或服务类别）、项目、职能部门、明细科目等维度入手，按不同单元制定预算、了解其费用支出情况并做出评价。

对采用事业部结构的企业来说，可以按照事业部对费用进行分析；对提供定制化产品或服务的企业（如房地产开发公司、投资公司、软件开发公司）来说，可以按照项目对费用进行分析；对连锁经营的企业来说，可以按照门店对费用进行分析；对规模较小的企业来说，可以以不同单元的负责人为依据进行费用分析。

（二）关注差异

在划分维度之后，下一步就要对相关差异进行分析，对有关差异的分析将贯穿费用分析的始终。分析差异可以帮助财务分析人员识别业务中可能存在的异常情况。本节将对几个典型的分析差异的角度进行介绍。

1. 随时间变化产生的差异

对指标进行同比分析或趋势分析是财务分析中比较传统的分析方法，可以在一定程度上反映本期费用管控的效果。

通常来说，分析相对数比分析绝对数更有意义。比如，分析绝对数对处在成长期的企业来说意义不大。因为随着业务规模的扩大，各期费用会在一段时间内以较快的速度攀升，但这并不意味着企业的费用管控存在问题。再如，对于业务结构有变化的企业，因为各业务单元的费用构成不同，数据不具备可比性。因此，在一些企业中，对费用绝对数的趋势分析并不常用。

相反，同比分析和趋势分析更有普适性，也能更直观地反映费用的变动情况。比如，无论按何种维度分析，各分析单元的费用发生额应当与单元的规模相适应，可以分析各单元费用在总费用中的占比。在各单元基本保持现有业务结构的情况下，各单元之间费用占比的大幅变动可能表示某一单元的费用支出存在问题或者采取了有效的费用管控措施，需要财务分析人员与具体业务单元进行沟通。如果某期某单元费用占比大幅上升，应当根据报表项目等的变动情况，查找问题的根源；如果某期某单元费用占比大幅缩减，应当了解该单元是否采取了一些值得其他单元借鉴的费用管控措施。

2. 预算数与实际数的差异

编制费用预算是进行费用管控的第一步，掌握预算数与实际数之间的差异能够使财务分析人员合理预测未来的费用情况，及时与费用支出异常的业务单元进行沟通。

相比于前文提到的同比分析和趋势分析，预算数与实际数的差异可以同时通过绝对数和相对数反映。如表 8-2 所示，在分析预算与实际的差异时，可以按照各单位汇总实际发生的费用，并计算预算完成比例，了解各门店本期费用总额的节约与超支情况。

表 8-2　预算完成比例图

成本中心名称	预算	实际	预算完成比例
D 店	807 515	1 379 214	171%
C 店	690 330	1 015 921	147%
B 店	661 230	766 587	116%

续表

成本中心名称	预算	实际	预算完成比例
A 店	362 604	547 101	151％
G 店	448 360	534 743	119％
E 店	359 551	523 688	146％
F 店	95 434	287 228	301％
总计	3 425 024	5 054 482	148％

　　为了解各单位超支或节约的具体项目，可以制作如图 8 - 2 所示的瀑布图，查看是哪些明细科目导致预算数与实际数的差异。

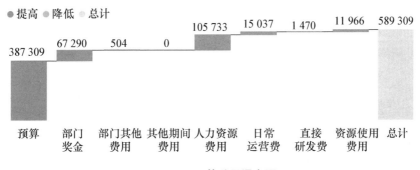

图 8 - 2　预算差异瀑布图

3. 标准数与实际数的差异

　　除了将实际数与预算数比较外，在实务中，一些公司会对某类费用设定标准，并将实际数与标准数比较，以此作为费用管理的基础。比如，对于管理费用中的业务招待费，可以根据招待者与被招待者的级别、招待的规模等设定不同的标准，在分析数据时对标准以上的部分进行重点检查。再如，对于管理费用中的差旅费，可以根据历史数据计算酒店住宿的平均时长和平均房价作为费用分析的标准，重点关注两项均超标的行程并与业务部门核实情况。关于差旅费的详细分析思路，将在下面的案例中做具体说明。

在财务分析中，维度的划分与各类差异的分析是不可割裂的。应该综合运用各种分析方法，识别费用支出中的异常情况并与业务部门进行沟通，帮助业务部门做出正确的决策。

【案例】L 公司差旅费分析

与各业务部门沟通后，财务分析人员获得了以往年度全部差旅费数据，并开发了一套系统的差旅费分析方法，为新一年的差旅费预算分配提供参考。

Q1：各期的差旅费分析可以从哪些维度出发？

A1：首先，L 公司拥有多种类型的产品，各产品由不同的事业部负责，可以按照产品类型分别观察差旅费的变动情况，对各事业部差旅费进行单独分析。

其次，L 公司有市场部、销售部、财务部、法务部等众多职能部门，按照职能部门划分差旅费变动，有助于分析人员迅速判断是否存在异常情况并对各部门做出业绩评价。显然，对于制造业的 L 公司来说，营销及销售环节必然需要销售人员往来各地与供应商或客户沟通交流，其差旅费在各职能部门理应占有较大比重。与之相反，法务部或财务部出差机会较少，如果这些部门在某一时期差旅费大增，财务分析人员需要查清是暂时性的业务变动还是该部门当期的费用管理出了问题。

最后，由于 L 公司是跨国公司，差旅费中很大一部分用于海外行程，对差旅费的控制不能只停留在国内行程，还要按照区域（国家）进行分析。这样既有利于分析人员随时掌握员工的出行情况，又能有选择地与各地服务商合作。

Q2：划分维度之后，下一步分析应该如何展开？财务部门是如何推动业务部门改进工作的？以事业部为例，财务部门运用手中的数据还可以做些什么？

A2：首先要明确费用控制的空间，这种空间可以是针对各个层次的，如果没有控制的空间，再多的谈判和沟通对于整体费用的缩减都难有成效。所谓"空间"，以事业部为例，就是差旅费在其总费用支出中的占比，也可以是机票、酒店支出在全部差旅费中的占比。只有针对空间大的部分进行有效的控制，才能降低公司整体费用水平。

对于事业部，遵循上述原则，应当对占比较大的明细项目进行控制。在L公司的差旅费中，机票和酒店在差旅费中的份额远高于市内交通费、餐费、租车费等其他项目，所以对这两部分的费用控制能够起到更明显的效果。业务部门应当从这两部分入手，采取缩减差旅费的措施。

虽然在L公司的明细账中只能获知差旅费中"差旅费——机票"与"差旅费——酒店"的明细金额，但是，财务分析人员应当运用业务部门提供的内部数据对机票与酒店的支出进行深入分析。

对购买机票的支出，可以按照下面的思路分析。

　　首先，通过汇总各航线的数据，可以了解各航线的飞行人次以及机票支出分配到各航空公司的份额。对于乘坐人数多、机票价格贵的部分，业务部门应考虑选择低价机票或尝试与航空公司建立合作关系。

　　其次，L公司给不同级别的员工制定了不同的出行政策，只有某一级别以上的员工才能搭乘飞机头等舱、商务舱出行。汇总数据后，应当将头等舱、商务舱的乘客名单与公司具有搭乘权限的名单进行核对，确定是否存在授权外员工搭乘头等舱、商务舱导致差旅费超支的情况。对于这一情况，要与各部门的审批人员沟通，找出问题的原因是存在特殊情况还是审批人核查名单不够严格。

　　另外，通常情况下，提前订购的机票的价格要低于即时购买的价格，因此要对机票的订票时间进行管理。L公司选取统一的提前订票天数作为基准，计算实际购买金额与提前订票价格的差额，对于差额较大的事业部，应当与其进行沟通，了解出现这一情况的原因是员工没有对工作提前规划，还是管理者缺乏工作规划导致员工频繁临时订票出差。

　　对入住酒店的支出，也要进行具体分析。

　　首先，L公司按照住宿价格将酒店划分为A类酒店和B类酒店，并制定了相应的权限名单。如果A类酒店入住名单中出现授权以外的人员，要及时与相应事业部进行沟通。

　　其次，L公司根据历史经验判断出差旅频率较高的目的地城市，并与这些城市的部分酒店签约，向本公司员工提供更低的入住价格，从而减少差旅费支出。在进行差旅费分析时要设置统一的预算价格。对于超出预算且住宿费支出较高的城市，如果未设有签约酒店，应当考虑与当地酒店接洽；如果设有签约酒店但酒店入住率不高，应当考虑签约酒店的地理位置是否合理，酒店环境是否满足出行需求。

再次，分析人员要关注入住人次与住宿费支出总额之间的关系。对于入住人次少、住宿费支出高的酒店，要考虑更换或者就价格进行谈判。

最后，L 公司还会对出差时长进行管理。公司会将某一期间内全部员工的出差时长、住宿日均价格制作成散点图，设置标准日均价和平均出差时长。对高于标准日均价和平均出差时长的行程，要考虑是否存在管理漏洞，是否有人利用工作之便寻求个人享乐。

对任何一个企业来说，提高收益的途径不外乎开源和节流。节流的空间是有限的，开源的空间却是无限的，尤其是随着企业逐渐向多元化转型，收入来源会越来越多。财务分析人员应当重视节流，提高企业的资源利用效率，但是也必须意识到节流的局限性，以长远的战略眼光增强开源的能力，二者相辅相成才能使企业创造更大的价值。

Power BI 应用

IT 企业费用预测

这是一家综合研发与销售的 IT 企业，老板在每月例行会议上向财务部了解该月的费用情况，经常会提出这样的问题："相比预算，执行情况怎么样?""哪些花销占比大?""哪些区域、哪些部门超支了? 为什么?"为了回答老板的问题，可以运用 Power BI 制作报告（如图 8-3 所示），利用本期、同期和预算费用并结合不同费用分析方法更好地指导公司运转。

> **温馨提醒：**
>
> 进入公众号"康思迪易分析"输入"费用预测"，或扫描下面的二维码查看动态 Power BI 报表。
>
>

1. 趋势分析

通过逐月将本期费用与上年同期费用及预算费用进行比较，进一步预测费用的变动趋势（如图 8-4 所示）。另外，点选左上角的"部门"和右上角的"币种""单位"，就可以直观地看到每月的实际花销与预算、上年同期的差异。

2. 结构分析

使用环形图可以分别看出各个销售区域的实际花销占总费用的比重、各个费用项目的实际花销占总费用的比重（如图 8-5 所示）。结构化的分析方法可以帮助报告阅读者识别重点花销区域和重点花销项目，为后续有的放矢地分析原因提供思路。

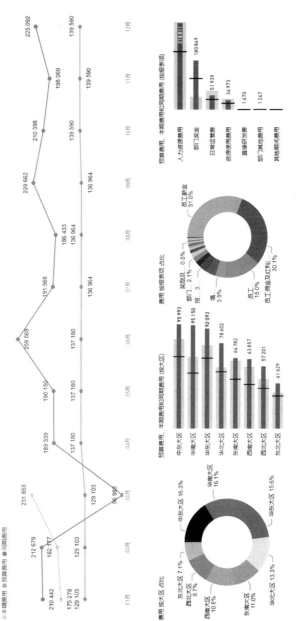

图 8 – 3 IT 企业费用预测报告

图 8-4 IT 企业本期费用、同期费用、预算费用对比分析

图 8-5 IT 企业费用大区、报表项占比分析

图 8-6 把各个销售区域的实际花销和上年同期、预算数进行比较。浅色宽矩形表示上年同期数，深色窄矩形表示实际数，黑色竖条表示预算数；一幅图，三种颜色，把各个区域的费用情况表示清楚，实际费用有没有超出预算费用、与上年同期相比是否减少一目了然。

预算费用、本期费用和同期费用（按大区）

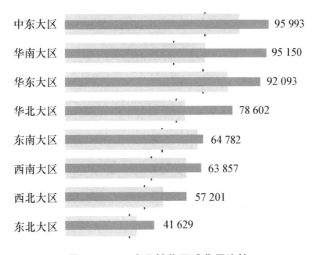

图 8-6　IT 企业销售区域费用比较

3. 因素分析

利用环形图的钻取功能，查看下一级项目实际费用占总费用的比重，可以帮助企业深入分析是哪些因素导致人力资源费用的高占比，从而找到费用变化的主要动因，如图 8-7、图 8-8 所示。

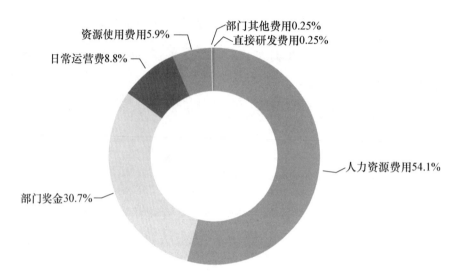

图 8 - 7　费用按报表项占比（上层）

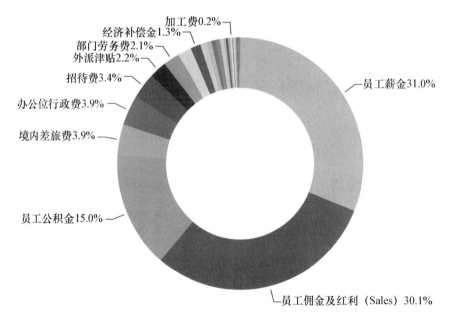

图 8 - 8　费用按报表项占比（下层）

4. 信息联动

Power BI 解决了编制各个区域报告的重复性工作问题，点击"费用 按大区 占比"里面的中东大区，分析报告就会自动更新与之相关的数据，非常方便，如图 8-9 所示。

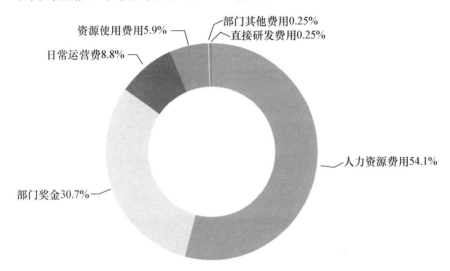

图 8-9　IT 企业 Power BI 报告中东大区信息联动

Power BI 在一页报告中综合运用了比较分析、趋势分析、结构分析等多种常见的费用分析方法，通过简洁、直观的视觉效果，全面深入地分析了费用的执行情况、构成要素，为进一步分析大额费用的主要动因提供了方向。此外，Power BI 节省了重复劳动的时间，通过点选，每个区域相关指标可自动更新，方便快捷。

本章要点

1. 在经营活动分析中费用的定义是什么？和成本定义有什么区别？

在经营活动分析中，费用不等同于传统财务会计核算中的期间费用，是指不能为企业创造主要收益的支出。

2. 简单说明实务中的费用分析思路。

分析人员应当对费用划分维度进行分析，这些维度不应局限于会计科目，而要充分结合企业的商业模式。

3. 做好费用分析的关键是什么？请具体说明。

费用分析的关键在于对差异的分析，应当结合维度关注随时间变化产生的差异、预算数与实际数的差异、标准数与实际数的差异等。

第3篇　转型篇

经过前两篇的学习，我们对管理会计体系及其应用有了更深入的理解。第3篇将从企业转型与个人转型两个维度阐释数字化时代转型的深层含义，提供具体的实现途径与方法指引。

第9章/*Chapter Nine*

公司转型——项目转型

学习目标

- 了解项目可行性分析的步骤

- 掌握评价项目可行性的指标

- 了解不同指标方法的优缺点

- 了解项目管理的基本程序及工具方法

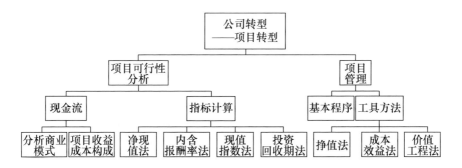

随着企业不断发展与壮大，更多业务、更多分公司在企业内发展起来，但是财务部、人力资源部和采购部门并不会随着业务的细分和扩张而增加。正因此，公司的规模效应、运作效率才能得以展现和提升。

图9-1展示的是一个非常传统的公司的组织结构，但是随着科技的发展，很多创新的组织结构颠覆了传统的组织结构，如图9-2所示。

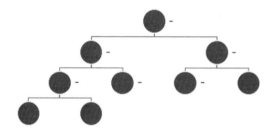

图9-1　传统公司组织结构

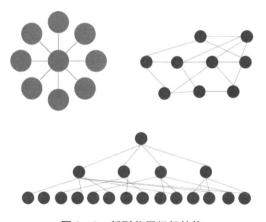

图9-2　新型公司组织结构

这些无核心、自由、创新的组织之间的组合往往是项目型的、非固定的，因此财务核算的思路要从成本中心、利润中心的单一维度转化成项目维度，以快速灵活地满足公司的要求，而不是做一成不变的财务报表。

传统组织架构下的公司面临着变革，公司架构不可能在很短的时间内发生翻天覆地的变化，但是不转型又无法追赶甚至超越竞争对手，因此在原来的成本中心和利润中心的维度之外再建立一个项目维度，以满足公司对财务数据和财务报表的需求是十分必要的。

第1节 项目可行性分析

下面以第2章案例2中的A企业为例讨论一下项目可行性分析。

A企业在年初制定战略计划时，预计将在某市新开10家健身房，进一步扩大在某市的市场份额。管理层格外重视新健身房的选址。健身房的大部分开支都用于前期建设投入，一旦确定选址，就意味着要支出大量的费用。健身房的位置也至关重要，因为多数人会将"离家或者公司距离远近"作为选择健身房的首要考虑因素。正如该健身公司的高管所言，如果一家健身门店地理位置优越，即使配备业务能力一般的销售人员和健身教练，其所带来的收益也会远高于一家地理位置较差、配备的员工业务能力较高的门店。由此可见，选址对于健身公司至关重要。

选址问题处于一个项目的可行性研究阶段。

《管理会计应用指引第 502 号——项目管理》：

> 可行性研究，是指通过对项目在技术上是否可行、经济上是否合理、社会和环境影响是否积极等进行科学分析和论证，以最终确定项目投资建设是否进入启动程序的过程。

财务人员应为经济可行性研究提供专业知识上的支持，帮助企业做出正确的决策。除了门店的选址外，新产品的开发投入、现有产品规模的扩张、固定资产的更换等都可以利用项目可行性研究的思想进行判断。

财务人员做项目可行性分析时，一般要估算项目的净现金流，运用一些指标计算，判断项目是否可行。为了估算出项目的净现金流，财务人员需要找出影响企业现金流入和流出的因素，逐步细分，直至可通过充分调研获取数据的颗粒度。

一、寻找影响现金流因素的一般步骤

（一）分析商业模式

在寻找影响项目现金流的因素时，需要结合企业自身商业模式，再通过已有的财务信息进行判断。以 A 企业为例，它的商业模式如表 9-1 所示。

表 9-1　A 企业的商业模式

重要伙伴	关键业务	价值主张	客户关系	客户细分
良好的物业条件供应商；器材供应商；企业客户	评估选址：购置高端健身器材；招聘优秀的健身教练；销售推广活动 核心资源 客户资源：忠诚的老客户；硬件资源：良好的地理位置和物业条件；人力资源：优秀的健身教练及会籍人员	为客户提供健身场所、健身指导、定制私教课程；提供社交圈和精神寄托，拥有同伴和教练的鼓励	针对个人消费者，提供私教课程；针对企业消费者，定期拜访企业对接人，了解问题与需求 渠道通路 线下：电话销售、地推、发传单、拜访客户； 线上：通过美团等进行推广	有健身需求、中高端消费层次的个人消费者；关注员工健康的企业消费者

（二）从商业模式判断项目收入和成本的构成

通过对 A 企业商业模式的分析，其健身房的收入来源于会员办卡和私教课收入，私教课的会员由办卡会员转化而来，所以需要估算办会员卡的人数。因为获取不同类型客户的渠道不同，所以 A 企业按照客户的类型，将客户划分为个人客户和企业客户。影响收入的不仅有客户，还有竞争对手，所以需要观察周围的健身房，还要考虑当地人流量，综合判断供需情况。由于本案例中的收入一般都是现金支付，会员年卡也是一年一交，所以不涉及应收账款对现金流的影响。

健身房的成本大部分用在前期投入上，包括商铺租金、装修费用、新店营销费用和设备器材购买及安装费用。后续运营期间涉及的支出有员工工资、租金、物业费、水电费、日常办公费用、营销费用和设备修理费等。

（三）确定各影响因素

收益的影响因素包括：个人客户数量通过调查目标选址地周围人流量预估测算，个人客户的年平均收入通过历史数据测算；企业客户数量通过调查目标选址地周围办公区情况预估测算，企业客户的年平均收入通过历史数据测算；私教课人数通过普通会员转化为私教课会员的比例测算，私教课的年平均收入通过历史数据测算。根据周围健身房的情况判断饱和度，对测算出的现金流入打一定的折扣。

成本的影响因素包括：租金和物业费，可以通过询价的方式获得具体金额；装修费和设备的费用，可以根据历史数据计算出单位面积的建造装修成本和健身设备成本，再结合新开店面的面积测算；新店营销费用和运营期间发生的各项费用，一般按历史平均水平计算。

综上可以得到如下等式：

$$会籍收入 = (人流量 \times 会员转化率 + 企业数 \times 企业转化率 \times 企业人数) \times 会员人均收益 \times 竞争折扣$$

$$私教课收入 = (人流量 \times 会员转化率 + 企业数 \times 企业转化率 \times 企业人数) \times 私教转化率 \times 私教人均收益 \times 竞争折扣$$

运营期收入＝会籍收入＋私教课收入

前期投入＝（单位面积装修费＋单位面积设备费）

　　　　　×新店面积＋新店营销费用

运营期支出＝会籍人数×会籍平均工资＋教练人数

　　　　　×教练平均工资＋店内维修费＋营销费用

　　　　　＋办公费＋租金＋水电费＋税金

其中，人流量、企业数、企业人数、新店面积和租金为可直接获得的数据；会员人均收益、私教人均收益、单位面积装修费、单位面积设备费、新店营销费用、会籍平均工资、教练平均工资、店内维修费、营销费用、办公费、水电费为通过历史数据测算出的平均数；会员转化率、企业转化率、私教转化率是可变数据，可以参考历史水平，也可以在适当的范围内通过销售政策进行调整；会籍人数和教练人数也是可以调整的，可参考目标地的客户数量；税金需要看税率和净收入，通过计算得到。

【案例】互联网公司项目可行性分析

互联网公司一般最看重业务投入前期的市场调研。原因有二：一是它们拥有天然的大数据优势，可以通过大数据获取许多信息；二是它们为快速扩大市场规模，经常需要对项目可行性进行评估，久而久之形成了成熟的调研模式。

以网上约车平台为例。在决定是否在某个新城市开展网约车业务时，公司高管会考虑该业务在这个城市的前景如何，是否值得投入。网约车属于多边平台商业模式，可以起到将乘客和司机联系在一起的作用，其价值就来自这些客户群体之间的互动。所以网约车公司在考虑未来净现金流的时候主要从供需两个角度进行市场调研。

对于网上约车平台来说，需求端就是呼叫量，影响呼叫量的因素有当地的 GDP 水平、居民的智能手机保有量、微信普及率等。智能手机保有量可以通过观察当地售卖手机的门店数量来推测。智能手机增多的同时，人们对手机 App 的需求也开始增多。GDP 水平可以反映出各种类型车辆投放的数量，经济型快车、出租车投放多少，舒适型专车投放多少。供给端是司机和车。一般通过调查当地蓝领的收入来预估司机的收入。以这样的思路调查下来，就可以知道每个订单的毛利是多少，从而判断是否应该进入该城市的网约车市场，该购入哪款车，应采取多大力度的补贴策略等。

二、通过指标计算评价投资项目

确定影响项目的收入和成本因素后，将调查获取数据的工作交给调研组成员。获取全部数据后，在能够测算各年净现金流的基础上，需要通过指标对投资项目进行评价。投资项目的评价方法有净现值法和内含报酬率法，以及投资回收期法和现值指数法。

（一）净现值法

净现值是指一项投资所产生的未来现金流入的现值与未来现金流出的现值之间的差值。

$$NPV = \sum_{t=1}^{n} \frac{NCF_t}{(1+r)^t} - C$$

式中，NPV 为净现值；C 为初始投资额；NCF_t 为 t 年净现金流量；r 为贴现率；n 为投资项目的生命周期。

净现值为正值，投资方案是可以接受的；净现值是负值，从理论上来讲，投资方案是不可接受的，但是从实际操作层面来说，这也许与公司的战略决策有关，比如，为了支持其他项目，或者开发新的市场和产品，将时间往后延长会获得更多的利润等。一般来说，净现值越大，投资方案越好。净现值法是一种比较科学也比较简便的投资方案评价方法，其缺点是不能反映投资项目的报酬率。

（二）内含报酬率法

内含报酬率是使项目流入资金的现值总额与流出资金的现值总额相等的折现率。

$$\sum_{t=1}^{n} \frac{NCF_t}{(1+r)^t} = C$$

式中，C 为初始投资额；NCF_t 为 t 年净现金流量；r 为内含报酬率；n 为投资项目的生命周期。

内含报酬率是一个相对数指标，和现值指数一样在一定程度上反映一个投资项目的投资效率高低，还可以直接揭示项目本身的报酬率是多少。

内含报酬率通常需要逐步测算：先计算年金现值系数，查年金现值系数表，找到与上述年金现值系数相邻的两个系数，以及对应的利率，最后用插值法计算内含报酬率。

（三）现值指数法

现值指数是指某一投资方案未来净现金流的现值与初始投资额总现值的比值。

$$PI = \Big[\sum_{t=1}^{n} \frac{NCF_t}{(1+r)^t} \Big] / C$$

式中，PI 为现值指数；C 为初始投资额；NCF_t 为 t 年净现金流量；r 为贴现率；n 为投资项目的生命周期。

现值指数表示每 1 元初始投资额带来的未来净现金流的现值是多少。若现值指数大于 1，表明投资在取得预定报酬率所要求的期望利益之外，还要获得超额的现值利益，这在经济上是有利的。若二者之间的比值小于 1，则意味着投资回收水平低于预定报酬率，投资将无利可图。

现值指数是一个相对指标，反映投资效率；而净现值是绝对指标，反映投资效益。内含报酬率是方案本身的投资报酬率。如果两个方案是相互排斥的，那么应运用净现值法来决定取舍；如果两个方案是相互独立的，则应以现值指数或内含报酬率作为决策指标。

（四）投资回收期法

投资回收期是指投资引起的现金流入累积到与项目总投资额相等时所需的时间，代表回收投资所需的年限。

$$\sum_{t=1}^{r} NCF_t = C$$

式中，C 为初始投资额；NCF_t 为 t 年净现金流量；r 为投资回收期。

投资回收期指标所衡量的是收回初始投资的速度的快慢。回收年限越短，项目越有利。当只有一个项目可供选择时，该项目的投资回收期要小于决策者规定的最高标准；当有多个项目可供选择时，在项目的投资回收期小于决策者要求的最高标准的前提下，要从中选择回收期最短的项目。由于投资回收期法是非现金流指标方法，考虑到资金的时间价值，而且回收期可能会导致短期效益主义，所以建议将净现值、现值指数、内部收益率作为主要考察指标，将投资回收期作为次要指标。

三、项目可行性分析在 Power BI 里的应用

背景资料：通过调查得知，目标地周围每年人流量为 10 000，周围有 7 家企业，平均每家企业有 50 人，租金为 96 万元/年，新店面积约 300 平方米。根据已开店的历史数据可测算出每年每位普通会员带来的平均收益为 4 000 元，参加私教课的会员带来的平均收益为 28 000 元，新店营销费用约 2 万元，装修费为 1 400 元/平方米，配备器材的费用为 1 800 元/平方米，每年的日常开支办公费 4 万元，

器材维修费 2 万元，营销费用 2 万元，水电费 12 000 元，每位会籍人员的平均工资为 10 万元/年，每位教练的平均工资为 24 万元/年。预计前 5 年净现金流会保持固定增长态势，之后进入成熟期，每年净现金流不变。周围没有其他健身房。

在 Power BI 中构建项目分析模型，如图 9-3 所示。

图 9-3 Power BI 项目可行性分析示意图

会员转化率（周围的人成为个人客户的比率）、企业转化率（周围企业能成为企业客户的比率）、私教转化率（普通会员中购买私教课的比率）、增长率（净现金流每年增长率）、教练人数、会籍人数、门店成熟期以及必要报酬率（也可以看成资金成本）都可以通过调整改变，方便决策者根据调整结果制定相应的战略。例如，是否要调整教练和会籍人数，是否增加营销活动以增加转化率等。

将反映评价结果的指标也放到图上，*NPV* 和 *PI* 是直接算出的数。想得到内含报酬率，需要在保持其他变量不变的情况下调整报酬率，直到 NPV 接近 0（或者 PI 接近 1），此时的报酬率约为内含报酬率。投资回收期也是类似的思路，在保持其他变量不变的情况下调整成熟期，直到 NPV 接近 0（或者 PI 接近 1），此时的成熟期再加上 5 年的增长期即为投资回收期。

如果想进行多个项目的比较，可以在底层数据中加入多个项目的信息。综合各个指标所带来的信息，选出最合适的投资项目。

第 2 节　项目管理

一、项目管理的基本程序

健身房的选址、决定是否开拓新市场等问题都可以用项目可行性分析的思路解决。传统项目管理中所指的"项目"一般是以一次性活动为主要特征的项目活动，如一项工程、服务、研究课题、研发项目、赛事、会展或活动演出等，也适用于以项目为主要经营单元的各类经济主体。完整的项目管理流程分为：可行性研究、项目立项、项目计划、项目实施、项目验收和事后评价。

项目可行性研究除了从财务可行性的角度考虑外，还要考虑投资必要性、技术可行性、组织可行性、经济可行性、环境可行性、社会可行性、风险因素及对策。形成的可行性报告一般包括：项目概况、市场预测、产品方案与生产规模、厂址选择、工艺与组织方案设计、财务评价、项目风险分析，以及项目可行性研究结论与建议等。

《管理会计应用指引第 502 号——项目管理》：

项目立项，是指对项目可行性研究进行批复，并确认列入项目实施计划的过程。

项目计划，是指项目立项后，在符合项目可行性报告批复相关要求的基础上，明确项目的实施内容、实施规模、实施标准、实施技术等计划实施方案，并据此编制项目执行预算的书面文件。

项目实施，是指按照项目计划，在一定的预算范围内，保质保量按时完成项目任务的过程。通常，应重点从质量、成本、进度等方面，有效控制项目的实施过程。

项目验收，是指项目完成后，进行的综合评价、移交使用、形成资产的整个过程。

项目后评价，是指通过对项目实施过程、结果及其影响进行调查研究和全面系统回顾，与项目决策时确定的目标以及技术、经济、环境、社会指标进行对比，找出差别和变化，据以分析原因、总结经验、提出对策建议，并通过信息反馈，改善项目管理决策，提高项目管理效益的过程。

二、项目管理的工具方法

项目管理的工具方法一般包括挣值法、成本效益法、价值工程法等。

（一）挣值法

《管理会计应用指引第 502 号——项目管理》：

> 挣值，是指项目实施过程中已完成工作的价值，用分配给实际已完成工作的预算来表示。

> 挣值法，是一种通过分析项目实施与项目目标期望值之间的差异，从而判断项目实施的成本、进度绩效的方法。

挣值法多用于项目实施和事后评价阶段。在项目实施时，既可以衡量项目进度情况，也可衡量预算执行情况。既要监测挣值的增量，也要监测累计值，以判断按照目前的增长趋势是否能完成项目目标，如果不能完成，则要考虑采取措施推动项目的进展。

挣值法的优点是可以实时把控项目进展情况，出现问题及时解决，及时对项目做出调整。缺点是片面注重用财权的执行情况判断事权的实施效益，无法改变已经导致的偏差，存在用项目非关键路径上取得的挣值掩盖关键路径上进度落后的可能性。

（二）成本效益法

《管理会计应用指引第 502 号——项目管理》：

> 成本效益法，是指通过比较项目不同实现方案的全部成本和效益，以寻求最优投资决策的一种项目管理工具方法。其中，成本指标可以包括项目的执行成本、社会成本等；效益指标可以包括项目的经济效益、社会效益等。

可行性研究阶段应用的方法即成本效益法。成本效益法的优点是普适性较强，目前在实务界广泛应用。缺点是片面关注财务指标，其他效益难以量化。

（三）价值工程法

《管理会计应用指引第 502 号——项目管理》：

> 价值工程法，是指对研究对象的功能和成本进行系统分析，比较为获取的功能而发生的成本，以提高研究对象价值的管理方法。

> 本方法下的功能，是指对象满足某种需求的效用或属性；本方法下的成本，是指按功能计算的全部成本费用；本方法下的价值，是指对象所具有的功能与获得该功能所发生的费用之比。

价值工程法主要用于项目设计、改造和项目实施阶段，包括准备阶段、分析阶段、创新阶段和实施阶段。这种方法的缺点和难点在于它要求负责人拥有较全面的知识，掌握其他领域的学科内容。其优点是把项目的功能和成本联系起来，能够更有效地利用资源，使功能结构更合理。

Power BI 应用

项目可行性分析

财务人员在进行项目可行性分析时，一般要估算项目的净现金流（NCF），然后运用一些指标进行计算，判断项目是否可行。为了估算出项目的净现金流，财务人员需要找出影响企业现金流收入和支出的因素，并逐步细分到可以通过充分调研获取数据的颗粒度。

实例中的企业处于健身休闲行业，它定位于中高端健身俱乐部，主要为有健身需求的个人消费者和关注员工健康的企业客户提供服务。目前国内健身行业的发展如火如荼，随着客户需求量的增大，该企业打算新开一家门店，吸引新客户，扩大经营范围，同时，兼顾老客户，为他们提供更多的选择。为此，可以使用 Power BI 制作项目可行性报告（如图 9-4 所示），为该企业开展新门店项目提供更多数据支持。

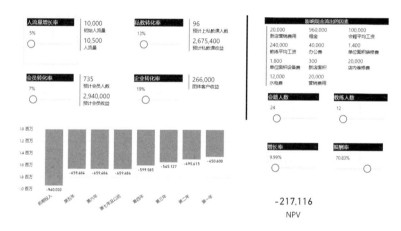

图 9-4　健身休闲企业新门店可行性报告

温馨提醒：

进入公众号"康思迪易分析"输入"项目可行性分析"，或扫描下面的二维码查看动态 Power BI 报表。

根据该企业的商业模式和综合定位可以得出，其主要收入来源为私教课程收入和企业团体客户的收入。因此新门店项目的现金流收入的动因有人流量、会员人数、私教课人数，以及团体客户收益，分别由人流量增长率、会员转化率、私教转化率和企业转化率进行调控，如图 9-5 所示。

图 9-5　健身休闲企业新门店现金流收入与支出动因分析

现金流的支出可以分为固定支出和变动支出。固定支出有新店营销费用、租金、装修费、维修费、水电费和办公费；变动支出则主要在人员薪资方面，包括会籍人员工资和教练工资。

本章要点

1. 如何进行项目可行性分析？

项目可行性分析的一般步骤为：分析商业模式；从商业模式判断项目收入和成本的构成；确定各影响因素；通过指标计算评价投资项目。

2. 计算项目可行性的指标有哪些?

计算项目可行性的指标有净现值（NPV）、内含报酬率（IRR）、现值指数（PI）、投资回收期（T）。

3. 项目管理有哪些步骤?

项目管理的步骤是：可行性研究、项目立项、项目计划、项目实施、项目验收和事后评价。

4. 项目管理有哪些主要工具方法?

项目管理的工具方法主要有挣值法、成本效益法、价值工程法。

公司转型——持续改善、变革管理

学习目标

- 了解触发变革的原因和变革的分类
- 掌握冰块模型理论
- 了解力场分析
- 掌握持续改善与变革管理在实际中的应用

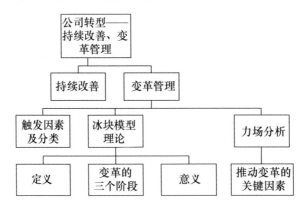

第 9 章介绍了公司在项目管理中如何进行评估和分析，企业的
变革是一个持续的过程，不是只靠个别项目就能实现，因此这一章
将着重讨论可用于持续改善和变革管理的模型有哪些。

第 1 节　持续改善

在经营活动分析中，持续改善即运用智能工具等辅助手段，对
分析对象的战略、组织结构、人员、企业文化等提出改善意见的过
程。第 9 章提到某健身企业设计智能财务报告过程的实例，说明如
何通过业财沟通的会议，以 Power BI 为抓手，推动业财融合，实现
私教课程资源的重新分配，这是从业务实质定义 KPI 的过程。

比如一个企业要做新零售的转型，在具备线上销售优势的同时，
要发展线下店面，在店面建设方面，如店址、面积、展陈、样机、
出货等，需要不断摸索，不同城市、不同地段受到很多因素的影
响，最后取得的成效也不尽相同，有些店面可能很快就倒闭了，
有些店面则做得风生水起，有些店面一开始没有客流，经过线上
引流发展成为很好的体验中心。要通过监控财务数据总结经验和
方法。那么，如何利用 KPI 来发现问题并持续改善呢？下面举一
个例子。

在某健身企业中，气泡图是持续改善的主要工具。财务部、会
籍总监、私教总监可以通过观察和分析气泡图，找出私教课程资源
分配中的问题，推动持续改善的过程，最终提高私教课程的销量，

为企业带来更多利润（如图 10 - 1 所示）。

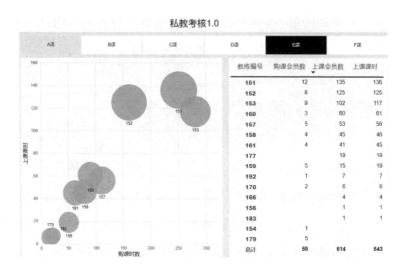

图 10 - 1　某健身企业持续改善气泡图

　　例如，在三维气泡图中，横坐标是私教的会员数；纵坐标是会员中来上课的人数；气泡大小表示教练的课时。同样，可以把分析维度换成门店，看各个门店的情况。因此，气泡图可以反映各个教练的业绩——位于右上角的、气泡最大的教练，执教的会员最多，课时也最多，这是管理者希望看到的好教练。私教经理通过分析气泡图，可以了解各个教练的情况，比如这个教练手里有哪些会员，他的会员谁买了课不来上课，课程有效期还有多长等。

　　私教总监管理教练的目标很简单——尽量让所有教练都处于坐标轴的右上角并且气泡尽量大。因此，改善的方法有三个：提高课程单价，增加上课人数，提高每个客户的上课频率。单价往往在一段时间内是保持不变的，不受私教总监控制，但是上课人数和上课频率可以得到改善。例如，有的教练可能客户很多，出现课程难约的现象，这使很多受欢迎的老教练的客户健身频率得不到保证，新教练却出现无课可上的情况；客户想要约别的教练的课，只能重新购买，课程无法在教练之间通用。这些规定会在一定程度上打击客户约课的积极性。私教总监针对这个现象的改善方法是推行"一带一"的政策——老教练带新教练，客户资源可以共享和互换，既能帮老教练分散密集的客户，又能防止新教练无课可上的现象。客户资源得到了协调，新教练因拉不来客户而离职的情况大为减少。

以上是以智能财务分析报告为抓手帮助推进健身企业持续改善的例子。在经营活动分析的过程中，持续改善还会出现在战略、流程、人员、企业文化等各个方面。

第 2 节　变革管理

在某健身企业中，业财融合痛点频现：财务分析师总是把时间耗费在重复的手工劳动中，财务分析中充斥着大量的数据处理动作、"体积庞大"的 Excel、"复制粘贴"的 PPT 和业务人员看不懂的财务术语，分析结果往往是财务数字和报表的罗列。这样的分析结果不仅难以保证准确性，也无力支撑决策。枯燥繁复的工作逐渐降低了财务分析师的价值，这些财务数字无法反映业务实质，健身房老板根据如此"机械"的财务分析报告反而会做出错误决策，这样的结果自然是不尽如人意的。

　　是什么原因导致分析如此低效？这样的财务分析只停留在数据获取、事实罗列和原因阐述上，然而，阐述原因并不是经营活动分析的终点，对结果来说，行动比分析更重要。如果发现了有待改善的地方，财务人员应当进一步制定行动方案，进而在需要时推动变革。因此，推动变革是分析的最后一步，也是分析的更高层次。有效的经营活动分析应该做到及时、增值、人员配比合理，达到业财融合的目标。介绍完经营活动分析的内容与案例，本章将会落实到行动层面，探讨面对变革应当如何行动。

一、变革的触发因素及其分类

　　变革的触发因素有很多种，分为外部触发因素和内部触发因素。其中外部触发因素包括经济的增长或衰退、人口的变化、新法律法规的出现、通信行业的发展、竞争者的威胁等；内部触发因素包括公司战略理念的变化、员工的晋升和调动、新的信息系统、新的生产设备、并购重组或者是为了降低成本和提高效率等。

　　其中，出于"降低成本和提高效率"目的而进行变革是内部触发因素中最为常见的一个因素。

　　由于速度和程度不同，变革可分为四种类型，如图 10-2 所示。

　　其中，适应型变革是一种相对柔性的变革。经营分析引发的变革往往是适应型变革，即持续改善，或者重建型变革。

变革的程度		
	低	高
变革的速度 慢	适应——通过阶段性计划缓慢实施非根本性的变革	进化——通过不同阶段、相互关联的计划，逐步实施转型性变革
变革的速度 快	重建——为调整组织运行的方式而进行的改变，但以一种比调整更为激烈的方式进行，通常存在强迫性和应激性	革命——同一时间在多个前沿实施计划，通常在相对较短的时间内发生转型性变革

图 10-2 变革的四种类型

二、推动变革——冰块模型理论

（一）冰块模型理论的定义

冰块模型（ice cube model）又被称为卢因的三阶段变革过程模型，是由计划变革理论的创始人库尔特·卢因（Kurt Lewin）提出的。冰块模型将组织中发生的变革分为三个基本步骤：首先，意识到组织中存在的缺陷；其次，经历艰难的变革阶段；最后，处于理想状态。

（二）变革的三个阶段

1. 解冻——为变革做准备

这一阶段的主要任务是创造变革的动力，具体行动包括宣布变革，解释变革原因，展示变革的效益，解释变革的过程和步骤。

如果任务没有截止日期，可能会被无限拖延下去，无法完成。同样，人们越能意识到变革是必要的、越迫切地想做出改变，变革就越有动力。因此，企业中变革的决策者、执行者和接受者都需要理解改变是必要的，并且要做好走出舒适区的准备。

解冻需要三个条件：

首先，需要出现问题。对目前的行为持否定态度往往意味着问题的出现。此时，因没有达到预期、错误或不满而产生的负面情绪已经产生。比如，预算和实际的差异永远都无法解释；老板需要看一些数字时，会计总是要花很长时间才能从账里找出数据，有时数据还是错的。

问题的显现利于解冻的开始，但远远不够。除了出现问题，还要同时具备两个条件。

其次，产生足够的、能导致变革的焦虑感和内疚感。一般来说，如果当事人期待很久且为之付出很多努力的目标不能实现，便会产生焦虑感。如果事实证明这个目标不能实现是因为当事人做的某些努力是错误的时候，内疚感就产生了。

例如，在日常工作中，老板往往会一味指责出现问题的员工，但责备并不能让员工产生焦虑感和内疚感。相反，他们可能会认为老板的目标不切实际，并认为不是自己的错。如果老板和员工可以共同参与目标的制定，员工便可全身心地努力工作以实现目标，如果目标没有达成，员工会产生焦虑感和内疚感。

最后，给员工提供帮助，使其减少失败恐惧感、增加安全感。需要通过减少变革的障碍，或减少对失败的恐惧感来创造心理上的安全感。

试想如果一家集团公司想要推出财务共享中心，最忧心甚至抵触的一定是子公司的出纳和会计。因此，在推行过程中，出纳和会计便会设法拖延和不配合。如果想让变革继续进行，就要给这些员工足够的安全感。例如，给他们提供管理会计技能的培训，向他们承诺如果通过考核，便可以调到其他管理会计岗位。如此一来，员工便不会对因共享中心造成的下岗过分担忧，自然会把推进变革当作自己分内的事情。

2. 变革——实施变革，使成员形成新的态度和行为

当以上三个条件都满足的时候，才可以进入第二阶段——变革。变革的内容包括制定时间表、提供培训、改变工作角色、引入新的程序和系统，使员工学会适应变革，同时根据反馈完善程序和系统。

改变不是一个事件，而是一个过程。在这个过程中，人是"冻结的"，正朝着一种新的存在方式前进。改变的不确定性决定了这个过程会十分困难。

如何实施变革？第一步是使用角色模型。这意味着找到适合自己实际情况的、自己认可的标杆，照着标杆去改善。在认可角色模型后，就可以进入定制阶段——开发自己的解决方案，即从客观实际出发，对多种信息加以选择，并在复杂的环境中筛选出与自己有关的特殊问题的信息。

值得注意的是，改变是迭代发生的，没有哪个变革可以一次做到完美。因此，个性化的内容并不需要出现在变革推行的前期，而需要在执行变革的过程中进行定制。

支持在变革阶段非常重要。支持的形式可以是培训、指导，也可以是发现过程中可能出现的错误。同时，在变革过程中，还应该确保对期望结果的描述是清晰的，这样整个组织就会团结在一个凝聚人心的愿景之下，组织中的个体便不会忘记他们前进的方向。

3. 再冻结——稳定变革

顾名思义，这个阶段是在实施变革之后重新建立稳定性。团队绩效向更高水平的转变往往是短暂的，在打了"一针强心剂"之后，团队的状态很快会回到之前的水平。因此，当新的态度、实践或政策用于改变公司时，它们必须被"再冻结"或固化，把组织稳定在一个新的均衡状态，目的是保证新的工作方式不会轻易改变。完成冻结需要具备哪些条件？首先是员工要接受变革，包括慢慢喜欢变革后的环境和希望变革成功；其次要保证变革的实施是彻底的；最后是融入，包括变革后系统可以正常运行，薪酬和招聘可以按照变革后的标准来执行。此外，可以借助高科技手段，如 Power BI，来固化习惯。

固化变革的机制有两种，如表 10-1 所示。

表 10-1　固化变革的机制分类

机制 1	让成员有机会检验新的态度和行为是否符合自己的具体情况。成员一开始对角色模型可能不太认同，应当用鼓励的办法使之保持下去
机制 2	让成员有机会检验与其有重要关系的其他人是否接受和肯定新的态度。只有群体成员彼此强化新的态度和行为，个人的新态度和新行为才能保持得长久

在冰块模型中，冻结是刚性的。但是随着时代的发展，变化的速度前所未见，冻结逐渐演变成一个连续的过程。冻结的概念被淡化，相反，应该把最后一个阶段想成更灵活的阶段——也许像奶昔或冰激凌，而不是坚硬的冰块。这种"软解冻"的方式可能更容易作用于下一次变革。这也是对冰块模型的一种合理的批评和发展。

(三) 冰块模型的意义

卢因的组织变革模型奠定了组织变革理论研究的基础，这一典型的"解冻、变革、再冻结"三步过程模型被许多组织变革学家继承和发展。冰块模型的应用可以帮助我们更好地理解企业该如何应对变革。

值得一提的是，如果把变革看作一段旅程，可能会让人误以为变革像旅程一样有开始、过程和结束，但在现实中，变革是没有终点的。

三、力场分析

当冰块模型遇到阻力，驱动力与制约力如何平衡？此时要用到卢因的力场分析，如图 10-3 所示。根据卢因的研究，任何事物都处在一对相反作用力之下，且处于平衡状态。其中，推动事物发生变革的力量是驱动力，试图保持原状的力量是制约力。卢因视组织为一动态系统（而非静止），这一系统同样处在二力作用的动态平衡之中。为了发生变革，驱动力必须超过制约力，从而打破平衡。通过弱化制约力和强化驱动力，使组织从当前状态转变为期望状态。

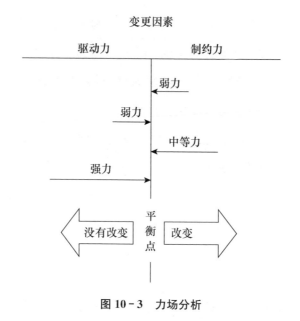

图 10-3　力场分析

应用力场分析时，首先要列出朝期望状态发展的所有驱动力和所有制约力，并对所有力量逐一进行研究：它们是否真实有效？它们能否被改变？它们中的哪些是最关键的？然后用数字 1~10 对每一力量的强度进行评分，其中 1 代表力量最弱，10 代表力量最强。通过力量分析，对变革的可能及其过程进行判断，同时分析讨论如果减弱制约力或加强驱动力，对变革会产生怎样的影响。需要注意的是，当改变某一驱动力或制约力的时候，有可能对其他力量产生影响，甚至会产生新的力量。

四、变革管理实例分析

何为变革？企业成长过程中可能会偏离最初定位，出现"迷路"

的状况。出于降低成本、提高效率的考虑，在利用 Power BI 进行高效的经营活动分析之后，老板和财务总监提取了数据，发现了亟待解决的问题，决定做出调整和取舍，进行战略转型，此时变革就会发生。变革管理指对企业在变革过程中的各个因素进行管理，使企业从现有的状态转变到管理层设定的理想状态。

影响变革的因素不仅包括可测量的业务因素——企业战略、组织结构等，也包括人的因素——关注员工在特定的情况下如何思考，如何行动，如表 10 - 2 所示。

表 10 - 2　影响变革的主要因素

战略因素	制定与变革相适应的企业愿景和战略目标
组织结构因素	优化企业中员工的分工和协作关系
人员因素	对与人有关的组织成员的态度、行为、沟通方式的管理
企业文化因素	企业文化必须同企业的战略相适应，从而促进企业的创新和发展，规避企业的短板

变革不是一个独立的步骤，而是一个系统的过程。因此在实施变革管理之前，必须把握一些关键的影响因素，从而使变革的过程处于可控状态。变革管理的关键因素包括战略、流程、组织结构、人员、企业文化等。

下面以微软为例，重点分析微软在数字化转型中"流程管理"这个显性的、可观测的因素和"人员管理"这个隐性的、不可观测的因素。

（一）推动变革的关键因素——流程

我们需要一个值得重视的业务流程，这意味着一个能够正确、有效处理当前重要、复杂事务的流程，一个定位于未来的流程，只有这样企业才能在业务上领先而不是挣扎。

——IBM 董事会主席约翰·奥佩尔（John R. Opel）

流程在企业中处于十分重要的地位。流程变革即设计或重组现有的流程，使企业流程满足战略变化的需要，从而提高企业流程运作的质量和效率，更好地满足客户的需求。

流程管理的改善能够使企业更高效地运用已有的资源，更高效地将投入转化为产出，加强组织的竞争力；同时，流程管理有助于企业有效处理内部关系，从而更好地驾驭和控制变化。

微软的数字化转型是公司内部运营流程变革的范例。微软通过实现数字化运营，使员工拥有更高的生产力，给用户提供更好的体验。

1. 将产品化思路引入核心流程的再造

微软的核心系统曾经很古老。在微软的全球业务运营中心，最常见的"数字化"只是将文件或协议扫描成 PDF 文档——微软经常与客户签署软件许可企业协议，当时这些协议都是先打印，签字盖章后再扫描成 PDF 文档。数字化转型启动后，微软重新审视自身的 16 个核心流程，并把产品化思路引入核心流程的端到端再造。

核心流程的数字化再造首先要定义愿景。流程即产品，因此产品愿景可以引入核心流程的改造。设计产品时要描绘出愿景——你期望这个产品具有什么功能？同样，可以给每个核心流程设置一个愿景——每个流程在端到端的数字化过程中到底要实现什么？微软的数字化到底意味着什么？围绕这个愿景，所有相关员工都可以参与到流程变革中，对如何实现这个愿景提出建议和意见。"如何评价公司的网络系统"和"对于公司的网络系统，你有什么样的愿景和期望"这两个问题，必然是后一个问题更能引发员工的思考，提高员工的参与度和配合度。

如此一来，微软的内部 IT 部门变成"数字化运营团队"。以前，IT 部门只是支持业务部门的想法，业务部门提出需求，IT 部门负责技术实现。现在则是由数字化运营团队提出未来业务流程的愿景，业务部门要配合 IT 部门共同创造未来业务流程。数字化运营团队要广泛听取内部用户的意见，不断改进数字化流程和系统。

在整个过程中，要取得业务部门的信任，应该采用基于愿景的领导方式：与其业务部门跑过来说要做这个要做那个，不如主动出击，到业务部门那里，告诉他们将如何改造中央运营组织，需要他们如何配合，这样就把业务部门的优先事项与改造中央运营组织结合起来了。微软在数字化转型过程中采用敏捷开发的方式，设定了新流程发布路线图，以 2～3 个月为一个开发冲刺周期，即便是 SAP 流程的改变也是以冲刺周期为期限，这样就让业务部门看到交付成果的意愿。当数字化运营团队开始交付一个又一个数字化流程时，就赢得了业务部门的信任。

2. 让内部运营成为产品的试金石

微软数字化运营有 95％运行在 Azure 上，因此微软数字化运营成为 Azure 等产品的试金石。在向云迁移的过程中，到底应该直接把原有系统搬到云上，还是重新设计一个新系统？这要视使用频率而定。那些常年使用的流程会从基于本地的虚机向云上虚机迁移，特别是那些超过本地虚机上限的流程，将按优先级尽快迁移。即使是 SAP 负载向云的迁移也能在 18 个月内完成。

95％的微软内部流程运行在 Azure 上，但这不是一夜之间发生的，而是一个迁移的过程。首先，微软数字化运营团队把向 Azure 迁移视为摆脱老旧系统的好机会，同时提供现代化的 App 应用作为替换品。数字化运营团队逐一找到老系统的内部用户，向他们推荐同时并存的基于云的新系统，使其一个个转到新系统，这样老系统的用户就会越来越少，直到系统自然而然停用。当然，也有小部分"顽固"系统确实无法迁移，最终会被强力终止。

3. 流程变革中的阻力

在与业务部门打交道的过程中，难免出现业务部门争抢资源和注意力、不停提出各种要求的情况，这就像产品开发一样，在产品开发过程中，不断会有人提出要加这个功能加那个功能，到底如何平衡？微软的经验是进行优先级排序。在设计产品时，需要统计不同的人在使用产品过程中有什么样的需求。流程改造过程也是一样。当业务部门提出新的要求时，应该一起商讨新的要求对于实现愿景来说是否有价值，其重要性和优先级如何等。

值得注意的是，每个优先级的需求必须是唯一的，也就是只有一个最高优先级、一个次要优先级，不能同时有两个次要优先级。如果同时出现两个次要优先级，就必须再分出优先级。当所有相关人员看到清晰的优先级以及优先级的管理前后一致时，就比较容易妥协。

(二) 推动变革的关键因素——人

人员管理主要探讨企业内各级成员在变革中的作用和行为。由于变革管理最终是由人来实施的，所以企业人员的配合程度直接关系到变革管理的成败。企业人员分为三种角色，如表 10 - 3 所示。

表 10 - 3　变革中企业人员的三种角色

变革战略者	企业领导或股东，他们为变革早期的工作负责，包括确定变革需求，挑选由谁来发动变革，激励和团结企业员工为变革成功而努力
变革实施者	企业的中层管理人员，他们是那些使变革发生并管理变革过程的人，他们的任务是帮助设计、协调和推动变革计划成功实施
变革接受者	普通员工，他们代表最大的群体，只能接受、适应变革

其中，中层管理人员是领导层和企业员工的联络点，是企业的关键支撑点，在变革中起着不可忽视的作用。正因如此，一直以来，中层管理人员经常成为变革最大的障碍，如果变革能够得到他们的认同，那么他们可以成为整合企业的最大力量。中层管理者的责任可以分为三个方面：设计变革流程、指导变革流程、支持变革流程。

正如微软首席数字官库尔特·德尔贝恩（Kurt DelBene）提到的，微软数字化转型的终点是人的转型——技术等外部条件是人的辅助工具，而人是驱动转型的 DNA。那么在微软中，人的变革如何展开？

1. 考核指标赋能员工，自下而上推动变革

数字化转型的核心是赋能员工，进而优化运营流程。表面上看，变革是最高层的动作，但变革真正发生时，往往是一个自下而上推动的过程。在这个过程中，赋能员工是关键步骤。如何赋能员工？对考核指标的恰当运用不失为一个好方法——从设置 KPI 开始，到落地 KPI，通过 KPI 发现问题、驱动行为转型，最后到改善业务，如图 10-4 所示。如果考核指标能更长期关注整个市场的状态，那么员工为了满足自己的短期目标而背离企业发展愿景的可能性会更低，员工会做更正确的事情。因此，赋能于人也是一种转型。

图 10-4　数字化转型流程

管理大师德鲁克说无绩效无管理。在微软，每个岗位、每个员工都有绩效，这个绩效不仅考核个人能力，还考核个人对公司的贡献。微软认为，只有通过绩效才能界定员工成功与否。在微软有几类指标：总经理的考核往往使用计分卡，中层管理者一般使用 KPI。每张计分卡可以像杜邦分析法一样拆分，即落实更多的 KPI，如此一来，不同职位的人就会承担不一样的考核指标。这种考核指标往往是基于员工对公司的承诺而制定的。好的指标不仅可以帮助约束

和管理员工，更能释放员工的潜力。这种指标不会停留在管理者口头，而是下放到每个中层，再下放到每个基层的员工。

如何保证考核指标的有效性？首先要方向相同——如果员工的劲不能往一处使，变革就永远无法推进。其次要语言一致——销售用季度目标来考核，管理者用年度目标来考核，定义不同就无法沟通。做到以上两点，就可以全员行动，实现转型。如此一来，员工每天便会自然而然去思考：今天要考核哪些方面？我能做哪些努力？这便是微软所倡导的数字化场景——指标会像血液一样在员工身上流动，而不是像鞭子抽打员工迫使其前进。

相应地，如果销售业绩下滑，员工缺乏激励，企业往往会向有关部门"问责"。在微软，"问责"一词被弱化，变成了"沟通"。问题出现时，微软不是第一时间质疑员工为什么做不好，而是建议上级去试着理解员工，了解员工的需要，从而帮助员工进行改善。

2. 信息驱动赋能员工，让技术成为变革的语言

数字化转型赋能于人时，谁会扮演领头羊的角色？除了管理者以外，真正的领头羊是具备信息驱动能力的人。信息驱动者是变革管理中的重要角色。第一，他要对数据和业务有见解，能引导业务决策。第二，他要清楚如何改变人的行为，从而驱动业务增长。这些都是商业分析师要做的工作。

赋能员工的实现途径是信息驱动。在变革中，需要触发这个智能转型行动力，发现问题时，技术会驱动智能转型行动力，主动告

知当事人问题是什么，甚至告诉他应当如何去解决这个问题。例如，当管理者看到问题时，他需要知道问题出现的原因。微软的商业分析师往往调侃数字化转型之前是"石器时代"，沟通基本靠吼，出问题就把秘书、销售经理等相关人员叫来，耗时耗力，而且找不到正确答案。数字化转型之后，问题不是由管理者发现的，而是由基层员工预见的——Office 软件可以告诉基层员工管理者考察的内容和考核指标。在这个过程中会用到的技术包括 Excel、Outlook，还有数据库或者云服务。

如何通过信息驱动赋能员工？以教练文化为例，只有当科技达到一定程度时，教练才能有更多时间去指导员工。因此，教练需要第一时间拿到准确的第一手资料，进而帮员工改善工作。智能行为可以把海量级的数据汇聚成最高级别的信息提供给教练，帮助他发现问题。因此，在数字化转型过程中，教练具备迅速收集信息的能力后，就会有更多时间去指导员工，这就是数字化转型的生动例子。

对商业分析师来说，只有在第一时间用最先进的技术把工作做好，商业分析师才有更多的时间站在管理者的角度考察商业的本质是什么。

企业的未来靠业务支撑，而这种成长源于人与人之间的互助。赋能于人，人就会创造无限可能。因此数字化转型应该靠科技能力、技术能力、知识能力，让人有一个质的飞跃。这个飞跃可以赋能整个公司乃至整个社会。

本章要点

1. 对于改善和变革的结果进行分析，可以从哪些维度考虑？

改善和变革是经营活动分析的高阶，是贯穿企业经营发展每个阶段的动态过程。改善和变革的结果可以从以下方面考虑：（1）领导力。经营者是否发挥了领导力，管理者是否具有责任感，推动变革成功开展。（2）参与感。企业员工是否认识到变化的必要性，自发参与率是否合理。（3）变革的实现。包括变革管理项目的宣传活动、负责变革管理的人员培养及事后管理准备等。（4）变革的方向。变革之后，各项经营分析指标是否改善，企业理念是否得到强化。

2. 根据冰山模块原理，简单描述企业变革的过程。

变革需要经历三个阶段：解冻、变革、再冻结。解冻就是为变革的到来做好准备，需要发现问题，促使成员产生足够的、能导致变革的焦虑感和内疚感，同时也要给予成员安全感；变革阶段就是实施变革，使成员形成新的态度和行为；最后再冻结，稳定变革成果。

公司转型——数字化转型

学习目标

- 理解经营活动分析需要与前沿科技相结合
- 了解前沿科技的内容及应用
- 了解数字化转型的概念
- 了解数字化转型对经营活动分析的影响
- 掌握经营活动分析中的 BI 应用流程

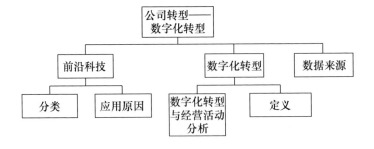

公司财务、业务涉及的数据繁杂，以健身企业为例，财务人员常常需要花大量时间整理数据、做 PPT；业务部门却总觉得财务不做事，只会发工资。

使用机器人出具分析报告后，如果底层数据有变动，部门人员只需刷新就可以生成新的报告；财务部门做 PPT 可以直接从机器人生成的报告中截图，或直接用该报告汇报；业务部门能够看到每个人的业绩，不再对财务部门怨声载道……这些都是借助前沿科技的力量进行数字化转型的结果。

第 1 节　前沿科技

一、应用前沿科技的缘由

（一）传统财务存在缺陷

1. 数据来源繁杂

目前，业务数据、财务数据和管理层需要的数据还不能从统一的数据源取得。

2. 数据大量损失

ERP 承载的数据不足以支撑管理层的决策，财务数据仅仅是为了企业做表交税，数据信息损失严重。这些损失的数据可能恰恰是管理层和业务单元非常需要的数据，可以将这些数据称为非财务数据。企业做决策所依据的非财务信息和财务信息的比例约为 7∶3，因此现阶段商务智能中的数据损失会对企业的决策产生重大影响。

3. 数据流未打通

会计信息系统（AIS）仅能够完成三张表，满足外部股东，税务机关、统计局、海关、工商等部门的要求。商业信息系统（BIS）还不够完善，很多企业基本没有建立该系统或者做得比较差。总体来看，很多企业没有将 AIS 和 BIS 结合起来。

管理信息系统（MIS）是基于 AIS 和 BIS 建立的，也就是说，管理层的决策是结合财务信息和非财务信息做出的，可见企业对信息流应该给予更多的关注。

企业进行系统整合和数据挖掘时，需要把财务数据、业务数据和管理层需要的数据整合起来，这就要求企业对系统的底层架构做深入的挖掘。

(二) 需要财务战略转型

1. 财务要成为业务的伙伴

财务要在传统职能的基础上改变，成为真正的业务伙伴，仅做几张表还不够。财务应该成为业务的伙伴，帮助分析企业业务行为、资源使用、客户的行为，以及竞争对手的行为。

财务在企业中应充当价值发现者，比如考察企业现有商业模式是否达到最优，企业对资源的利用是否达到最高效率，因此财务要在整个过程中去监督、管控，帮助实现企业价值最大化。

2. 可视化呈现报表

财务需要定期编制财务报表向内部管理者、外部投资者或相关机构披露企业有关经营状况，传统的方式是编制纸质的三大表（即利润表、资产负债表和现金流量表）。随着科技的发展，企业开始使用 Excel 等工具来展示更多的数据，这里提到的可视化呈现报表不仅展示传统的三大表数据，还采用图形、钻取、关联、穿透等方式将孤岛系统中的数据以更加友好的方式展现出来，有的公司称之为"智能报告"，有的公司称之为"管理驾驶舱"。它的呈现方式是多样的，可以在计算机上编辑，在 iPad、手机等工具上查看，真正起到了驱动公司管理的目的。

3. 核算型财务系统向治理型财务系统转变

很多公司还停留在核算型财务系统阶段，应该逐步走向管理型财务系统，再进一步走向治理型财务系统。核算型财务系统有很多问题没有解决，比如风险控制、内部控制、绩效等。治理型财务系统能够起到为企业预防未来问题的作用。所以治理型财务系统是财务的转变方向。

这个系统的最终形态应该能够支撑管理层的决策，仅靠核算型财务系统无法满足这个要求。因此，最终应该形成一个由财务信息和非财务信息共同支持的决策支撑型系统。

4. 财务人员软技能提升

财务战略转型也包括财务人员转型。随着技术的发展，以前可以称为核心竞争力的一些能力变成了基本能力，甚至被 RPA 机器人演进之后的弱人工智能替代。虽然人类创造出人工智能，但人工智能在很多方面无法超越人类。所以，财务人员应该从软技能方面下功夫，比如学习能力、进化能力，这样无论环境怎么变化，财务人员都能生存下来。同时，财务人员还要有沟通能力，沟通能力是机器无法具备的。财务人员应该有远见，储备知识技能，把有限的时间和精力合理分配到有价值的地方。

二、前沿科技介绍

（一）"财务智人"

"财务智人"画像如图 11-1 所示。

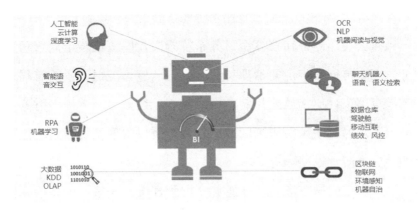

图 11-1 "财务智人"画像

随着科技的发展，财务可以结合大数据进行云计算和深度学习。人工智能的进化速度非常惊人，AlphaGo 和 AlphaGo Zero 是机器深度学习的最好例证。财务的规则和变化远没有围棋那么多，财务可以借助技术的发展获得更高层面的管控，帮助业务部门及时调整策略、识别风险、控制成本。比如：

（1）可以将传统的表单录入，用扫描或者拍照的方式获取数据，减少报销的烦琐手续，更加精准地识别单据。

（2）可以以语音交互的方式，对用户经常询问的问题进行答复，比如"我负责的客户的回款到账了"，机器人可以进行查找并做出相应的回答。

（3）可以利用学习功能在几分钟内将原来审计人员需要彻夜翻阅处理的凭证全部处理完。可以通过区块链技术追溯原材料最末端供应商的成本，找到替代方案，避免货源单一的风险。

（4）可以进行进货商信用查询，避免因信息不对称等带来的经济损失。

（二）大数据

大数据是大量、高速及多变的信息资产，它需要新型处理方式去促成更强的决策能力、洞察力与最优化处理。

应用

与我们生活贴近的淘宝在大数据上是领先者，例如，淘宝有一个"猜你喜欢"的功能，这个功能是基于用户点击过的商品分析得出的，这个分析过程就是大数据的搜集整合以及应用。海量用户数据就是一笔财富，如果能将其与行业垂直数据结合起来，淘宝就可以全方位挖掘用户行为，准确定位用户特征、消费偏好，在此基础上加强运营管理、推广、营销等。

（三）云计算

云计算（cloud computing）是一种基于互联网的计算方式，通过这种方式，共享的软硬件资源和信息可以按需求提供给计算机各种终端和其他设备。

应用

云上贵州是一个数据集聚共享开放的云计算平台，负责运营 iCloud 中国的服务。云计算无法与大数据分离，以云上贵州为例，它的经营范围包括数据采集、存储、开发、处理、服务和应用。大数据软件研发及服务，信息咨询服务，计算机信息系统集成，硬件研发销售，数据服务平台建设等，都要基于大数据和云计算才能运行。

（四）人工智能

美国麻省理工学院的温斯顿（Winston）教授认为，人工智能就是研究如何让计算机去做过去只有人才能做的智能工作。

应用

当前与财务最贴近的人工智能当属机器人流程自动化（robotic process automation，RPA）。德勤首个发布 RPA 机器人，毕马威、安永和普华永道也纷纷跟进，这里引用德勤对 RPA 的定义：财务机器人是一款能够将手工工作自动化的机器人软件。机器人的作用是代替人在用户界面完成高重复、标准化、规则明确、大批量的日常事务操作。

具体来讲，目前 RPA 在财务领域可以替代会计核算工作，如现金、应收应付的管理，出具一些财务报告，这对核算会计产生了影响，对管理会计岗位如财务分析、预算、风控、内控等的影响比较小。

（五）移动互联网

移动互联网，就是将移动通信和互联网结合为一体，是互联网的技术、平台、商业模式和应用与移动通信技术结合并实践的活动的总称。

应用

移动互联网的应用比较成熟，为人们所熟悉的有移动游戏、移动音乐、手机支付等。移动互联网在财务中也得到了运用，目前有一些公司已经能自动出报表，管理者可以在手机上随时看报表，一些自动化程度较高的企业一天就可以出一次报告。

（六）区块链

区块链（block chain）是借由密码学串接并保护内容的串联交易记录（又称区块）。每个区块都包含前一个区块的加密散列、相应时间戳记以及交易数据。

> **应用**
>
> 区块链的应用范围很广，涉及各行各业。举例来说，区块链可以用于发行代币（initial coin offering，ICO），也称为 ICO 众筹。在财务方面，区块链可以包含所有交易数据，比如合同、票据等，在一个区块中写入信息，再打包加密传给下一个区块。

第 2 节　数字化转型

一、数字化转型与经营活动分析

数字化转型（digital transformation）是近几年刚刚兴起的概念。在出现大数据、云计算、人工智能这些前沿科技的背景下，企业利用这些技术来改造经营模式、业务流程，以促进企业更好地发展。这并不是对原有方法的改进和加强，而是具有创造性的改变。

那么，数字化转型和企业经营活动分析有什么关系？它对经营活动分析会造成怎样的影响？

数字化转型实质上就是一系列的变革，它会影响企业的商业模式，导致企业的业务、运营、收入、成本等各方面发生重大变化。这对企业经营活动分析提出了挑战。分析师要根据实际情况不断调整，紧贴业务进行分析。数字化转型不可能一蹴而就，改变在不断发生，分析师应当调整心态、转变行为模式，主动了解数字化转型，做到对变化的企业经营活动十分熟悉。

同时，先进的技术手段将助力经营活动分析升级。公司实现数字化转型后，分析师可以轻易获取企业运营各方面的数据，利用商业智能对海量数据进行全方位、多角度的分析，这在数字化转型之前是难以实现的。

二、数字化转型的定义

数字化转型到底是什么？目前对这一概念并没有一个准确的定义，社会各界对它的看法也是千差万别。

（一）IBM

IBM 作为一家帮助企业进行数字化转型的服务商，对中国企业的数字化进程有着深刻的认识。IBM 认为，数字化转型是用新技术实现人与人、人与物、物与物的广泛互联，是改变企业的协作方法和每个点的效率（岗位数字化），是用自动化和人工智能取代人的劳动。转型完成后，有些工作会因为重新分工而取消，同时也会有新工作出现（如数字化岗位）。

IBM 将中国企业利用 IT 技术分为三个阶段：

第一个阶段是 20 世纪 90 年代到 2000 年年初的企业信息化。这一时期出现了快销存、ERP 等系统，主要将企业的数据集中输入并形成报表，用于指导企业运营。这一时期，不同行业已经拉开了差距。比如金融行业因为政府规范较为严格，信息化进程就会快一些；有些企业因为市场竞争而使用 IT 技术，信息化进程也比较快。

第二个阶段是在 2000 年下半年开始的数字化。随着移动技术的发展以及智能手机的出现，手机不再只是一个打电话、接发短信的工具，而是具备更多功能，使企业的业务有了转向移动终端的可能。例如，实现了通过 App 购买商品及服务、进行身份认证等功能，把部分信息化的功能延伸到前端。

第三个阶段就是目前的数字化转型阶段。这一阶段要求把数字化场景引入整个企业，而不是只在某些应用场景利用 IT 技术。通过采用数字化手段，可以将供应链、财务、生产、营销等环节连接起来，使企业更有竞争力。

目前，因为企业所处的行业、历史背景、行业竞争、上下游以及供应链等不同，其数字化进程各不相同，有些仍处于信息化阶段，有些已经进入数字化转型阶段。针对不同的数字化阶段，IBM 向企业提供不同的支持。在数字化转型阶段，IBM 首先进入企业的各个应用场景，寻找可以进一步数字化的空间，从客户体验出发改造业务流程。

根据以往协助企业进行数字化转型的经验，IBM 将企业分为两种，激进企业和保守企业。对于比较激进的企业，开展数字化转型工作首要考虑的是成立什么样的组织能把企业的人力资源和懂科技的人整合在一起。组织成立后，从企业的上下同时开始大力推动转型。

较为保守的公司更适合小步推进。先选择企业的一个领域进行改造，再通过这个领域影响其他领域。这类企业的领导人要求非常高，会将要求细化至很多具体的指标。因此，它们的数字化转型涉及很多非常细致的工作，包括流程优化、人事布局、战略组织结构等，并且操作非常谨慎，每一次大胆的改革创新都需要非常详细且清楚的预测成果。

IBM 认为，当前阻碍企业进行数字化转型的因素主要有两个：一是企业数据架构；二是企业文化。很多企业在开展业务初期，不曾考虑系统设计、数据架构等问题，只是不断拓展业务、上线系统，企业内部很多系统相互独立，数据结构混乱，子公司和母公司之间数据信息不畅通。这类企业需要先解决财务问题，再对其他部门进行改革。

企业文化决定了企业能否转型以及转型能否成功。企业文化可能是长久以来积累的陋习。企业里有一批被压在底层想变革却无法发声的员工、一些想做事但不知道怎么做仍拼命在推进的员工，还有一些不想变革也不想担风险的员工。这些人在企业文化里起的作用是不一样的，IBM 认为，当没有办法兼顾所有人和各方面时，找到一个最适合这个企业和企业文化的解决方案可能是最好的选择。数字化转型实质上就是一场企业变革，变革必然会影响很多人的利益。

数字化转型之后，IBM 认为企业还需要进行数字化重塑。因为数字化转型是发生在企业内部的，并没有影响到最终客户，而数字化重塑就是解决企业如何通过数字化手段与客户打交道的问题。这需要更先进的技术，例如，大数据、人工智能、机器学习、区块链技术等，帮助企业分析客户的需求，推动企业内部流程的改革。

IBM 提出，数字化重塑将导致"人人对人人"（everyone to eve-ryone，E2E）这一经济模式的产生，即以个人为中心。其特征是消费者和企业在大量价值链活动中广泛互联和协作：共同设计、共同创建、共同生产、共同营销、共同经销和共同融资。在这个整合的系统中，消费者和企业共同创造价值，并通过提高透明度增强信任和提高效率。

（二）微软

对于微软而言，数字化转型更多聚焦于人。微软从四个方面定义数字化转型：密切客户沟通（engage customers）、予力赋能员工（empower employees）、优化业务运营（optimize operations）和产品服务转型（transform product）。

（1）密切客户沟通：对不同渠道客户的问题进行分析和总结，找到共通之处，为不同市场的客户提供有借鉴性的信息，让具有相关性的客户建立关系。

（2）予力赋能员工：为员工构建更智能、更灵活、更安全的现代化工作场所，让员工取得更多成就。

（3）优化业务运营：通过在灵活与可扩展的平台上提供现代化的数字服务，创建高效的运营流程，降低成本。

（4）产品服务转型：用数据来重新发明业务职能，挖掘智能技术的潜力，从而实现产品、服务和商业模式的转型。

微软认为，在数字化转型中最重要的不是技术，而是人，需要通过技术来驱动员工。可以想象这样的场景：发现问题时，数字化技术会自动找到负责人，告诉他问题是什么，甚至可以提供解决方案。技术只是手段，并不是数字化转型的目的。利用技术来实现流程优化及转型，帮助员工实现自我驱动，才是数字化转型的目的。

数字化转型的实质是文化转型，而文化是由人形成的。数字化转型依靠科技能力、技术能力和知识能力，赋能于人，而员工可以赋能整个公司、整个社会，让科技改变生活、改变工作。

（三）技术层面

数字化转型离不开 IT 技术。从技术层面来看，数字化转型和之前的信息化有很大的不同，主要体现在七个方面。

（1）数字化和数据驱动：业务对象被物联网等手段数字化后，业务事件、业务决策基于数据分析、算法产生，或基于流程简单判断规则，而非传统的人工判断。

（2）业务模式创新：当业务被数字化或者数据化后，可以重构价值网络，因而商业模式设计是数字化转型的出发点。

（3）IT 架构现代化和云平台：企业级 IT 架构从 20 世纪 70 年代的主机系统一层架构，发展到 90 年代的客户机/服务器的二层模式，其中 ERP 系统就是客户机/服务器时代的典型代表。21 世纪初进入互联网时代后发展为表现层、服务层、业务逻辑、数据存取的"N 层架构"。再从 SOA 架构发展到今天的云平台。云平台是企业数字化最基本的技术要求，企业必须要有核心数字化平台（platform as a service，PaaS），将遗留应用（legacy）向企业数字化平台迁移，在互联网上搭建无限的数据访问通道；构建现代化云架构，和外部各种云服务对接。

（4）敏捷＋DevOps：云平台是应用程序快速开发、部署、扩展的基础，而敏捷＋DevOps（Development＋Operations，是一组过程、方法与系统的统称，用于促进开发、技术运营和质量保障部门之间的沟通、协作与整合）是新一代系统构造（软件工程）方法，也是数字化技术组织的管理模式，是技术和业务匹配的运营模式。

（5）数据湖和大数据分析：企业通过撷取、存储海量的结构化和非结构化数据形成"数据湖"，根据业务需求实时处理、分析。

（6）人性化技术和设计思维：数字化时代的商业处于持续变化的不稳定状态，因而用户（无论是外部用户还是内部用户）可以"自然"应用数字化，这和需要经过培训才能使用的传统企业信息系统截然不同，传统的用户交互和用户体验设计（UI/UX）在数字化时代发展为"设计思维"。

（7）微服务和API：通过API（application programming interface，应用程序编程接口）和微服务技术来包装业务和建立业务之间的接口，增加业务应用程序的颗粒度，亦即将业务"解耦"成更小的"组件"，便于跨渠道使用，快速重构业务。

第3节　数据来源

本节将介绍从收集数据开始、利用 BI 进行经营活动分析的流程。通常情况下，分析师在进行经营活动分析时并不需要先从底层收集数据。但了解这一流程有助于分析师明确管理层及相关部门的分析需求、精确快速地找到分析需要的相关数据，以开展经营活动分析，如图 11－2 所示。

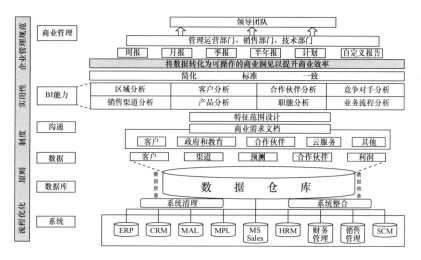

图 11－2　经营活动分析中的 BI 应用流程

一、收集数据

经营活动分析需要数据，数据来源于企业的前端系统。企业中常见的几种前端系统有 ERP（企业资源计划）、CRM（客户关系管理）、MAL（重点客户管理）、MPL（合作伙伴管理）、MS Sales（进账收入）、HRM（人力资源管理）、销售管理、财务管理、SCM（供应链管理）等。

其中，较为常见的是财务管理和供应链管理系统。财务管理系统通常包括总账模块、往来款管理模块、固定资产管理模块、报表管理模块等；供应链管理系统一般包括采购管理模块、仓存管理模块、存货核算模块、人力资源模块、销售管理模块等。

每个前端系统都有自己的数据库，数据按照一定的逻辑和定义存储在数据库中。要进行分析，首先要从不同系统中提取数据进行整合，但并不是简单从各个系统中提取数据存储起来，而是需要对数据进行处理。

二、处理数据

处理数据，即进行数据清理与系统整合。

数据清理是指按照统一的标准对数据进行整合。不同系统存储数据的逻辑和定义是不同的，因此首先要对数据进行统一。实际工作中，企业往往无法统一所有的数据和关键指标，但至少应该对最关键的20％的数据进行整合。

系统整合是指将若干个前端系统整合为一个。在现实中存在这样的情况，即多个系统属于同一个部门，实质上它们是从不同角度来展现同一业务，只是功能不同。这种情况下可以评估是否应将系统整合，比如将10个系统整合为5个、2个或1个。在整合过程中要注意，20％的关键数据及指标必须进行规范和统一。

对于可能无法实现统一的占比80％的其他数据，也要进行处理。最基础的处理是必需的，例如格式转换等，只有打好基础，才能为后续的分析提供坚实的保障。但对全部数据进行统一和规范往往成本极高，对企业而言是不必要的。

处理完成后，企业可以从数据质量和数据准备两方面对数据规范的效果进行评估。符合标准的数据才可以存储在数据仓库中。

在这个从系统获取数据→处理数据→存储在数据仓库的过程中，企业应当注意两点：

（1）流程优化（process optimization）。从底层数据到数据仓库，要明确标准，实现性能的提升。

（2）原则（discipline）。企业要制定原则，依照这些原则对数据进行规范和统一，并存储数据。

现在企业就有了一个大数据仓库，只需要从仓库中调用需要的数据就可以进行各种分析。可以将这个过程比作烹饪，首先从不同的市场（系统）获取不同的原材料（系统中的数据），再将它们处理为可以直接烹饪的食材（规范化的数据），并存放在厨房（数据仓库），厨师（分析师）只需要选择食材（数据）进行烹饪（分析），就可以做出美味的菜肴（分析报告）。

三、收集需求

分析师如何得到自己需要的数据呢？这就要求从公司其他方面收集需求。

分析师可以从业务、客户、政府和教育、合作伙伴、云服务和其他方面收集分析需求，形成企业的商业需求文档。但是分析师不能只做需求的"搬运工"，还要对需求进行筛选、评估，设计特征范围，因为并不是所有的需求都可以满足。有些部门提需求只是站在自己的角度，或者现阶段无法实现。分析师最终要实现的结果是：标准化的分析报告能够满足大多数部门的需求。

当分析师了解到不同需求时，就有了看数据的不同维度。在数据仓库这一级，分析师所面对的是数据库；当分析师有了看数据的维度，数据库就可被分解为数据。这些维度可以是客户、渠道、预测、合作伙伴、利润等。分析师可以将这些维度理解为"菜谱"，不同的菜谱需要不同的食材，不同的维度分析需要不同的数据。

在这一阶段，与其他部门的沟通至关重要。分析师需要制定制度，对其他部门输入的数据、反馈的信息提出一系列的要求，保证将规范的信息反馈给分析师。

四、分析数据

在分析师拿到"食材""菜谱"之后，就可以进行"烹饪"了。BI 就相当于烹饪工具。将不同的数据导入 BI 后，分析师就可以对企业经营活动进行多角度的分析，例如，区域分析、客户分析、合作伙伴分析、渠道管理分析、产品分析和职能分析等。

分析师应注意分析的实用性。分析的最终目的是为经营管理服务，因此数据和数据分析一定要贴合业务。

通过 BI 得出的分析结果，是使用企业前端系统最真实的数据进行标准化分析得到的结果。因为无须对所有数据进行归纳、分析，所以结果一定是最简化的。

五、形成报告

分析完成后，就可以形成分析报告。由于需求不同、数据维度不同，产生分析报告的频次以及报告的反馈对象是不同的。

有些报告可能需要每周更新，有些则按月、按季度更新，或者半年分析一次，有些报告则只是为了满足次年工作计划的需要。当然，也有根据公司需要，无规律、自定义频率的分析报告。

反馈对象也不同。报告可能需要反馈给管理运营部门、技术部门、销售部门，有些可能要直接上交给 CEO（首席执行官）、CFO（首席财务官）、CTO（首席技术官）等管理层。最终实现将数据转化为可操作的商业洞见来提升商业效率、达成企业管理规范、协助商业管理的目的。

本章要点

1. 公司怎样判断是否需要应用前沿科技？

如果公司有以下需求，可以认为需要借助前沿科技：（1）传统财务存在缺陷。比如公司内数据来源繁杂、数据大量损失，或者数据流未打通。（2）需要财务战略转型。公司财务模式较为固化，需要业财融合，将核算型财务系统转变为治理型财务系统。

2. 能为公司创造价值的前沿科技有哪些？

目前广为应用或以后将广为应用的前沿科技包括："财务智人"、

大数据、云计算、人工智能、移动互联网、区块链。但是它们的应用并不是单一的，未来的趋势是将它们结合运用，以实现分析价值最大化。

3. 数字化转型是如何影响经营活动分析的？

数字化转型将从两方面影响经营活动分析：（1）数字化转型将影响企业商业模式，导致企业经营活动发生改变。（2）数字化转型为经营活动分析提供了更有利的工具，使分析更全面高效。

4. BI 应用于经营活动分析的流程可以分为几步？

可以分为五步：收集数据、处理数据、收集需求、分析数据、形成报告。

5. 分析师在经营活动分析流程中需要承担哪些职责？

分析师需要承担的职责为：（1）收集需求。分析师需要了解业务部门及公司管理者的需求，根据需求进行分析。（2）收集数据。分析师要根据需求收集并选择数据，以保证分析报告满足管理者及部门的需求。（3）进行分析。分析师利用 BI 工具对数据进行分析并形成报告。（4）形成报告。分析师需要将分析报告按照需求反馈给对应的部门及相关管理者。

第 12 章/*Chapter Twelve*

个人转型——沟通与汇报

学习目标

- 掌握与业务人员、管理者及同事沟通的技巧

- 掌握基于经营分析的汇报软技能

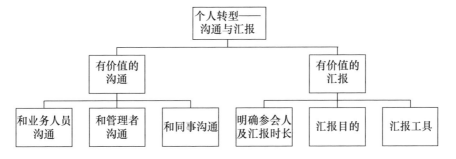

前面的篇章不仅系统讲解了管理会计是做什么的，也说明了可以怎么做，同时描绘了社会环境的变化给企业转型带来的机会和挑战。在企业承担经营分析工作的人员同样面临个人的转型和升级。

随着科技不断发展、财务共享中心在中国落地生根，传统的财务都在转型，个人的转型也是必然趋势，下面从沟通与汇报这个角度进行一些探讨。在进行企业经营分析时，除了要考虑企业的商业模式、所处生命周期阶段、价值链活动的构成外，在实务中还应考虑一些其他因素，比如管理者的关注重点，对经营风险的影响程度等（见图 12 - 1）。

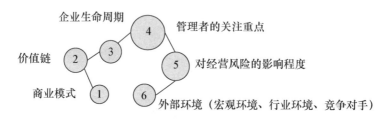

图 12 - 1　经营分析考虑因素

第 1 节　做一个会沟通的经营分析人员

　　财务人员的形象往往和宅、闷、专业、较真等分不开。财务确实是一个需要操守的有底线的职业，但如何让其他人理解财务在说什么并接受他们所说的，或者和大家探讨如何才能向战略目标前进是财务人员需要考虑的。这些不是兜售专业知识，或者一味地强调自己的看法就能实现的。业务部门经常说，"财务不懂业务，影响了业务他们负得了责吗"，因此如何与业务人员、管理者和同事进行良好的沟通是财务人员需要注意的。

一、和业务人员沟通

和业务人员沟通分成三个环节：一是了解业务；二是让业务人员了解财务；三是和业务人员讨论合理可行的解决方案。

1. 积极参加业务会议

前文讲了很多，比如商业模式、企业战略、价值链等，这是一个了解业务的过程，要了解这些内容不仅要有足够多的信息，比如文件、PPT 等，还要积极参加业务会议，获得第一手信息。有些财务人员会说他们想参加业务会议，但是业务人员不想让他们参加。这时候就需要一些技巧，可以先了解会议的主题，然后谈一下对这个主题的看法。如果你能提供一些有价值的信息，那么业务人员会愿意和你一起讨论问题。

2. 进行财务知识和管理规范的培训

会计准则、税法，以及公司的管理规范会更新，这是一个和业务人员沟通的好机会。首先财务要把这些准则吃透，然后把它们变成业务人员能够听懂的语言，关键是要让他们明白不照规则办理的后果或者损失。我们在风险管理部分已经跟大家提过，要分清风险到底是战略风险、管理风险还是运营风险，对不同的风险应采取的措施是不一样的，财务人员不能只会说"不"，还要提供解决方案、意见和建议。财务培训可以分为内部的和外部的，有时公司的管理规范不仅公司内人员要遵守，公司外的合作伙伴也要遵守，因此对外部人员进行培训是必不可少的。

3. 做好知识管理和共享

培训是有时效性的，如果员工还想就某些问题进行探讨并查找依据，那么文件、规定、培训资料，甚至会议纪要都可以作为学习的资料。这些东西不应该只存储在个人的电脑里，而应该形成一个知识管理和共享机制，可以根据不同的权限来设置大家可以查看的内容，这样既达到了共享的目的，又兼顾了控制共享的范围。

二、和管理者沟通

财务人员在做经营分析时，可能会按照自己关注的方面划分维度，虽然尽可能站在管理层角度思考问题，但结果很可能不太理想。因此与管理者沟通有三个环节：（1）就全年的规划和策略进行沟通；（2）按业绩汇报的节奏进行沟通；（3）针对某些特殊情况进行沟通。

1. 针对业务进行沟通

公司制定下一年的战略时，公司财务的重点和策略会随之变化，因此在年初和管理者沟通未来一年的工作重点和方向非常有必要。全年的计划是根据市场和自身情况做出的，随着市场的变化和自身的情况财务需要做出调整。因为分析事项很多，而在有限的时间内能解决的问题是有限的，所以要关注重点。最后要学会总结，事情已经发生了，如果只有泛泛的评论而未能对后续企业的发展起到借鉴作用，效率就会降低，因此要及时与管理者沟通总结，梳理新的行动计划。

2. 非业务沟通

非业务沟通在很多成熟公司都会进行，公司会要求管理者和员工定期沟通，了解员工在具体业务之外的想法或者动向。这对经营分析人员来说是非常有必要的，无论公司是否有要求，都可以和管理者定期沟通，这是一个彼此了解和熟悉的过程，每次时间不需要太长，二三十分钟就好，可以说说自己对公司的想法、对职业生涯的设计。有些经营分析人员在岗位上干了很长时间，总是抱怨自己没有得到更好的机会或提拔，但是换个角度思考，管理者每天要面对那么多员工，处理那么多业务，如果没有明确说出自己的想法，机会就会和你擦肩而过。在和管理者沟通时，一定要好好把握这短暂的时间，如果想法得到管理者的认同，接下来就可以按照计划行动，并定期审查自己是否步入新的阶段。

三、和同事沟通

经营分析人员首先要了解自己的业务和财务流程，但是仅做好自己的业务不了解其他业务是不行的。各部门的预算和战略是服务于公司整体预算和战略的，如果闭门造车，不考虑各业务之间的配合，就无法达到公司效益最大化。

1. 要针对同样的问题探讨不同的解决方案

每个业务有自身的商业模式，价值链可能不完全相同，员工要经常和同事一起探讨更好的解决方案，如果认为自己的解决方案足够好，就更应该与大家分享。特别是在对业务的理解、对资金的筹划上，每个人都有自己的专长，多多交流、取长补短对自己的业务大有助益。

2. 要在工具的使用上进行交流

随着科技的发展，各种信息系统特别是财务系统层出不穷，就连 Excel 和 PPT 也在不断升级。员工若在快速搭建表格方面很有经验，多和同事交流、传授经验也是增进感情的一种方式。

第 2 节　做一个懂得汇报的经营分析人员

一、发送一份有价值的报告

做完经营分析后，有两种方式来呈现结果，一种是发送报告，让相关人员知道具体情况，比如部门费用的执行情况、应收账款的账期情况。最后呈献给管理者的经营分析报告一定要简明、清晰、可理解，不能在报告里穷尽所有的分析，因为有些部分对企业并不重要，影响也不重大，而管理层的时间和精力都是有限的。需要制定一个原则帮助财务人员判断应将哪些经营分析内容纳入分析报告。

这里将对经营风险的影响程度作为评估指标，经营风险过大意味着企业很可能由于经营不善破产清算，这是任何一个企业都不愿意看到的，因此考虑该因素能够帮助企业在维持生存的基础上追求长远发展。例如，在前面的健身企业案例中，对企业经营风险影响较大的是客户缴纳的会籍费，因为会籍费能够弥补固定成本，让企业避免亏损甚至盈利，其对企业经营风险的影响大，应当作为经营分析的重点。可以分析会籍费的构成，看哪部分客户人群贡献最大，企业可以多向这类人群进行营销；也可以分析会籍人员的销售情况，看哪些会籍人员销售得最多，帮助企业制定激励计划。

在经营分析时还需考虑外部环境，包括竞争对手、行业整体情况、宏观环境等。例如，竞争对手开发了一款新产品，对企业不太重视的业务造成了严重冲击，财务人员需要进行相关的分析，帮助管理者判断是否需要放弃该业务。

经营分析是一个学习过程，要总结分析考虑的因素，呈现有效的分析结果。

二、做一次有价值的汇报

第二种经营分析的呈现方式是做汇报，要把分析有重点地讲给别人听。哪些是重点，需要根据报告的受众来确认。

（一）明确参会人

知道了参会人是谁，就可以提前和相关人员沟通他们想知道的内容，这样可以避免浪费会议时间。有些会议是财务人员自己组织的，这时应该清楚哪些人来参会。为了达到会议的目的，可以提前与会议的相关方进行沟通，了解他们可能提出的问题。

（二）明确汇报时长

知道了汇报时长，就可以对汇报内容进行概括和总结，用 3×3 的法则进行层层讲解。3×3 法则就是我们前面提到的金字塔概述结构，当我们要回到一个问题时，需要依照金字塔原理从三个层面描述，然后层层展开，保证不重不漏。

（三）汇报的目的是推动改善行动

通常汇报的目的不是让别人知道你干了多少活，而是让大家知道你对接下来公司的行动有什么意见和建议。因此汇报有三个环节。

1. 提出分析的前提

比如，实际业务环境是否有变化，汇率有没有波动，或竞争对手有没有采取新策略等。一旦脱离了前提，分析就可能成为空中楼阁，缺乏指导性。

2. 指出业务存在的风险或者机会

如果听完报告仍不知道经营情况到底是好还是坏，哪里不好，哪里需要改善，那么汇报就是不成功的。

3. 对风险和挑战提出行动建议

一个完整的报告一定要给出基于风险和机会的行动建议，即使这个建议不是那么成熟。

（四）熟练使用汇报工具

汇报的时候通常会用到 Excel 和 PPT，一份以汇报经营分析内容为主的 PPT 应注意以下几点：

1. 颜色不要太多

一般经营分析的 PPT 上标注的颜色都是有意义的，比如红色表示风险和问题，绿色或蓝色表示机遇或优势，如果 PPT 报告中色彩过多，受众可能不知道你讲的重点是什么。

2. 不要用过多动画

经营分析报告不需要用太多技巧来抓住受众的眼球，不要用过多动画特效，否则会影响大家对重要内容的关注。

3. 做好链接

经营分析的事项很多，最好将讲解内容控制在 10 页左右，其他内容或者补充说明可以做成相应的链接。

4. 在讲解之前熟悉自己的 PPT

熟悉自己的 PPT 包含两部分内容：一是对自己要讲解的内容非常熟悉，熟悉每一页要讲的重点，如果被问到相关的问题，可以快速找到相关的页面；二是在汇报前要准备好汇报的电脑、投影仪等设备，不要把时间浪费在电脑和投影仪的调试上，这样不仅会影响受众的观感，也会打乱汇报节奏。

沟通和汇报是除专业知识之外的软技能，但往往是这些软技能让分析更精彩。因此，在加强硬技能的同时，不要忽视软技能。只要按照要求不断地训练自己，每个人都可以具备这些技能。

本章要点

1. 随着业财融合逐步加快，财务人员与业务人员之间的沟通也变得愈发重要，怎样才能和业务人员有效沟通呢？

首先，财务人员需要积极参加业务会议，第一时间与业务人员交换信息，给出财务方面的建议；其次，财务人员还要对业务人员进行财务知识和管理规范的培训，让业务人员明白不按规则做事会有什么后果；最后，财务人员要做好知识管理和知识共享。

2. 完成一场有价值的汇报，汇报人需要做哪些准备？

首先，要明确参会人是谁，并在汇报前与相关人员沟通，以便汇报能够紧凑进行。其次，需要明确汇报的时长，避免发生无法呈现最重要内容的情况。再次，要牢记汇报的目的是推动改善行动，指出问题与风险并给出可行的应对措施。最后，汇报人必须能熟练使用汇报工具，以提高汇报效率。

第 13 章/*Chapter Thirteen*

个人转型——调研与逻辑思考

学习目标

- 理解充分调研的内涵与重要性

- 理解逻辑思考的内涵与基本方法

- 掌握金字塔原理及其应用

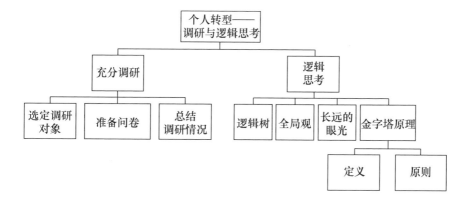

第 12 章探讨了个人转型中的沟通与汇报技巧，除了沟通和汇报技巧外，好的经营分析人员还应该具备调研和逻辑思考的能力，本章将对这两点进行详细阐述。

第 1 节　充分调研

在经营分析的过程中要进行外部环境分析，包括宏观环境、行业环境、竞争对手等。在互联网时代，想要获取信息不是什么难事，但是想要找到系统的、客观的信息就不那么容易了。网上的信息参差不齐、真假难辨，如果将这些信息作为经营分析的材料，可能会让报告结论有失偏颇，进而影响行动建议。另外，财务要结合会计准则、税法和公司的要求来制定财务管理规定，这也离不开调研。因此，这里强调的是充分调研，即通过现场访问、电话调查、拦截访问、网上调查、邮寄问卷等调查方式了解受访者的态度和意见。

一、确定调研对象

经营分析的工作不仅需要冰冷的信息和数据，还需要大量访谈和调研。如果经营分析报告中的销售数据不尽如人意，首先要问相关的销售人员，从他的角度来看市场到底发生了什么变化，渠道是否出现了问题，竞争对手是否有奇招；如果发现费用没有控制到位，可能要调研是季节性原因使员工出差频率增加，还是采购部门没有谈成好的价格，或者部门新增了人员。要了解数据背后的原因，需要向相关部门进行调研与核实。

二、针对不同的受访者准备问卷

这里所说的调研问卷不是狭义的让受访者去填的问卷，而是一种广义的方法，帮助调研者思考要问受访者什么问题，或者受访者能提供什么样的信息。只有对每次调研都做好充分的准备，才能事半功倍。

三、及时总结调研情况

调研之后要写调研报告，对经营分析人员来说，如果数据有出入，就要找到数据背后的真正原因。不能等所有调研结果都出来再一并总结，因为经营是有周期的，不及时找到根本原因，很可能在接下来的经营周期内无法改善。

第 2 节　逻辑思考

在平时的工作中有两种检验逻辑思考能力的情况。第一，在汇报时，是逻辑式地讲解，还是跳跃式地讲解？受众是否能按照你的思路进行思考，还是被东一句西一句的分析搞得晕头转向？第二，写报告时，使用的图表是否准确表达了我们想要表达的观点。

【案例1】选择正确的图表

有三类产品，水果糖、奶糖和巧克力，要显示它们在1月的销售业绩，可以用柱状图，而不能用线图，如图13-1所示。线图一般表示一个产品在不同时间段内的表现。这只是一个简单的例子，在实际分析中情况要复杂得多。如果要表现三类产品在三个月内各自的销售趋势，至少要保证同一类产品在图中表达的一致性。如果不能用合适的图形表达你想要表达的观点，就会让受众觉得你的报告没有逻辑。

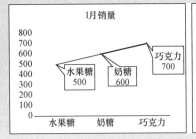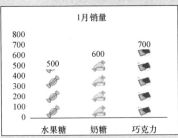

图 13-1 水果糖、奶糖和巧克力1月的销量

一、运用逻辑树解决问题

运用逻辑树解决问题的流程为：正确理解问题是什么，或者你的结论是什么（What）→问题在哪里，即哪里有风险或者机会（Where）→为什么会出现这个风险或者机会（Why）→有什么样的解决方案（How）。

了解了流程后，接下来就要找到一个逐层分解问题的方法，这个方法可以是波特五力模型,从供应商、销售渠道、潜在替代者和竞争者等角度进行分析;也可以用差异分析法、杜邦分析法来解决问题……这些方法可以让你快速找到解决问题的思考逻辑。

二、要有全局观

前面提到了部门目标要服从公司整体目标,因此每个经营分析人员思考问题时不能只考虑自己负责的业务,更要了解公司整体的战略和自己的业务在公司战略中所处的位置。另外,平时要和其他部门的人员沟通和交流,拓宽自己思考问题的范围,若目标基于公司整体利益,那就更容易达成一致意见了。

【案例2】发布新产品

某事业部为满足市场的需求要在 10 月 30 日发布一款新产品,如果不在"双十一"之前发布这款产品,就有可能让竞争对手取得优势。但是研发部在 10 月 1 日发现该产品有严重的质量问题,如果在 10 月 30 日测试完毕并批量上线可能会有很大的隐患,因此建议项目推迟发布。作为该项目的经营分析人员,你会支持哪个部门的意见?可以通过数据分析来决定,先要和研发部讨论 10 月 30 日上线发布的可能性,并测算从 10 月 30 日到 11 月 11 日这 11 天内任何一天发布的可行性,把成本情况列示出来。然后将销售人员预测的这 11 天每天的订单情况进行对比,找到最佳时间点,保证公司利益的最大化。不能简单地站在研发的角度让销售部门妥协，或者站在销售的角度让研发人员赶工。

三、要有长远的眼光

公司发展的前提是持续经营，经营预测、分析都要基于这个前提完成。

【案例3】玩具厂的经营

一家玩具厂在月末结算的时候有20 000个玩具没有完工，如果假设这家工厂下个月就要停产清算，那么这20 000个未完工的玩具就没有任何价值。但是如果假设这家工厂持续经营，那么这20 000个玩具就是公司的资产，可以为公司创造价值。因此经营分析人员不能短视，不能为了短期的经营目标和已经制定好但不符合市场实际情况的预算而牺牲长远的利益。资源的耗用与业务的发展和收入是相匹配的，如果有钱的时候无节制地使用，没钱的时候不考虑成本大肆举债，且无合理的支出计划，那么短期的报表可能好看，公司员工拿到奖金，但是最终会给企业带来不可挽回的损失。

四、金字塔原理

利用金字塔原理可以解决写作、汇报条理不清的问题，利用这一原理进行思考、表达，能够增强逻辑性、条理性，准确高效地阐述思想，使沟通效果、效率都大幅提升。

（一）定义

金字塔原理是指按照金字塔结构来梳理汇报内容的要点，按照它们之间的逻辑关系进行排列。汇报者将依照金字塔结构进行汇报。金字塔结构如图 13 - 2 所示。

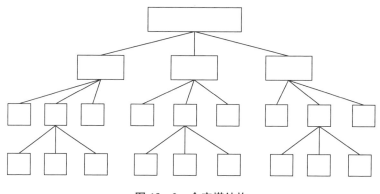

图 13 - 2　金字塔结构

为什么是金字塔结构？因为条理清晰的文章必须能够准确、清晰地表现同一主题下思想之间的逻辑关系。将这些思想以正确的方式组织起来就会形成一个金字塔结构，这些思想分别位于不同的层次，彼此关联，由一个主题统领。

（二）原则

金字塔原理的内容是结论先行、以上统下、归类分组、逻辑递进。

1. 结论先行

在汇报中，应先表达总结性思想，再提出具体思想和相关论据。

对于受众来说，最容易接受的顺序是先阐明主要的、抽象的思想，然后介绍次要的、具体的思想。因为主要思想是从次要思想概括得出的，所以文章中所有思想的结构必定是一个金字塔结构——由一个总结性思想统领多组具体思想，这也是金字塔原理名字的由来。

对接收到的思想产生疑问/回答是人的一种自然反应，因此先提出的总结性思想使受众产生疑问，而下一层次的思想可以解答这些疑问。通过不断进行问答式的对话，受众可以了解汇报者要表达的全部思想。

2. 思想间的逻辑关系

在汇报中，因为听众只能逐句接受演讲者表达的思想，他们会假定一同出现的思想具有一定的逻辑关系。听众的知识背景和理解力与汇报者有差别，如果听众对思想之间的逻辑关系不够了解，可能会对汇报做出错误的解读。因此，金字塔原理要求汇报者按照一定的逻辑对想要表达的内容进行归类和概括，并且按照一定的顺序呈现，使听众更容易理解汇报者要表达的思想。

金字塔中的思想以三种方式互相关联——向上、向下和横向，可以分为两种关系：纵向关系和横向关系。通过这两种关系来组织思想，可以达到以上统下、归类分组、逻辑递进的要求。

（1）纵向关系。纵向结构指的是，任一层次的思想都是对其下一层次思想的总结，下一层次是对其上一层次思想的解释和支持。

就像写作，段落的主题就是对段落中各个句子的概括，汇报中上一层次的思想是对下一层次思想的概括。换句话说，汇报者可以对具体的思想进行概括，从而得到上一层次的思想。

采用纵向关系可以吸引听众的注意力。通过这种结构，汇报者能够引导一种问答式的对话，使听众按照设计好的思路产生符合逻辑的反应，跟上汇报者的思路。

需要提醒的是，汇报者必须在下一层次回答读者的疑问。回答是向读者传递他所不知道的新信息，这使读者又产生新的疑问，然后可以在再下一层次回答读者的新疑问。因此，在做好回答问题的准备之前，汇报者最好避免让读者产生疑问；在读者产生疑问之前，避免先给出答案。

（2）横向关系。在纵向关系中可能会从两个以上方面进行描述，要将事情汇报清楚，并保证各个方面没有重复，就需要注意横向关系。在横向关系中，每组思想必须属于同一逻辑，而且讲解要有逻辑顺序。

如果想从一组句子或段落中概括出一个主题，那么这些句子必须在逻辑上有共同点。例如，如果要写一份关于新员工入职比例的分析，你会写"今年的男女比例是 6：4"，而不是"今年男性和应届女性的比例是 6：4"。男性和女性是一个范畴，男性应届生和男性往届生、女性应届生和女性往届生属于更具体的范畴。

如何考察一组思想是否具有逻辑关系？一个简便的方式是看能不能用一个词来概括这组描述。比如说，在汇报时应该用到"问题""原因""建议""方法""行动"等名词。

一组属于同一逻辑范畴的描述必须按照逻辑顺序组织。具体的顺序取决于该组描述之间是演绎关系还是归纳关系。基本上，可以按照这四种逻辑顺序来排列：①演绎顺序：大前提、小前提、结论；②时间（步骤）顺序：第一、第二、第三；③结构（空间）顺序：北京、上海、深圳；④程度（重要性）顺序：最重要、次重要。

不同的逻辑顺序反映了不同的分析过程。如果描述的是一个针对实施可行性的分析，那么通常是演绎顺序：在××的前提下，如果××能够支持，那么××就可以成立；如果是针对一个事件的原因进行调查汇报，那么逻辑顺序就是时间顺序：年初由于××，因此年中采取了××措施，最后取得了××的成果；如果对某种现有结构进行评论，那么逻辑顺序就是结构顺序；如果按组织进行描述，那么逻辑顺序就是程度（重要性）顺序。

3. 概述

按照金字塔原理组织思想，可以使受众和汇报者不断进行问答式对话，通过不断回答受众的疑问来表达汇报者的思想。

如何保证相关性并吸引读者的注意力？可以用概述的方法。通过概括受众已知的信息，并将信息与要回答的疑问建立联系，汇报者可以将全部精力放在提供答案上。

概述位于金字塔顶端，如图 13-3 所示。概述用来说明某种背景，在这种背景中发生了某种冲突，从而产生了疑问，而整篇文章的目的就是解决该疑问。

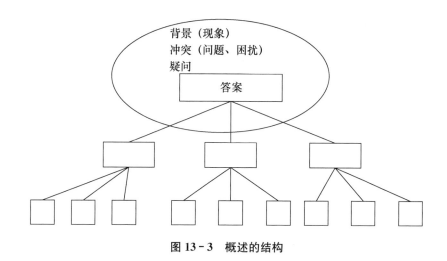

图 13-3 概述的结构

汇报者要明白，汇报的主要目的是向受众提供他们所不知道的信息，而受众只在需要了解问题答案时才会去找答案。因此，汇报者必须回答受众的问题。在汇报的开场，可以通过追溯问题的源头和发展来确定问题。

在现实会议中，参会人可能是同一个部门的同事，也可能是不同部门的同事，或者是公司外的同事，因此介绍汇报的背景非常重要。这一背景就如同我们平时写文章，要交代清楚时间和地点，而且要把事情的冲突描述出来，如果没有冲突，大家也就没有必要坐在一起花时间讨论。正是因为要在有限的时间里让与会者立刻深度参与会议，所以要好好设计开场的背景介绍。

典型的讲故事的方式就是要让大家清楚为什么要坐在这里听这个报告（背景），明白自己在这个汇报中充当什么角色，有什么利益关系（冲突），带着角色进入会议就可以从各自的角度提出和自己利益相关的问题（提问）。回答后，大家或者接受，或者存疑（回复），这样才能达到效果，而不是浪费时间开无效的会议。

（三）应用

了解金字塔原理之后，就可以按照这一原理来组织内容。

1. 组织内容

（1）自上而下法。自上而下构建金字塔结构是较容易的一种方式。从最容易确定的事情，即文章的主题及受众对主题的了解情况开始。

分析师应当利用概述的结构——背景、冲突、疑问、答案——将头脑中的观点、想法逐个梳理出来。具体步骤如下：

①明确主题。即将要汇报、讨论的主题。

②设想受众的主要疑问。确定汇报的受众，设想他们会提出哪些问题。如果可以回答这些问题，写出答案。

③说明背景。将要讨论的主题与背景相结合，做出关于该主题的第一个不会引起争议的表述。要求受众知道这一表述，或者根据以往的经验判断该表述的正确性。

④列出冲突。到这一步，已经开始进行问答式对话了。此时应当考虑背景中发生了哪些能使受众产生疑问的冲突，例如，发生了某种意外、出现了某个问题等。

⑤检查疑问和答案。对冲突的介绍应该引导受众提出疑问，否则就应该重新介绍。要确保答案能够引发受众思考并提出新的疑问，这样不断和受众进行问答式对话。

⑥通过演绎推理或归纳推理回答新疑问，并组织支持回答的论据。

⑦重复以上的问答式对话步骤，直至结束。

这一方法要求汇报者在构思时仅从头脑中获取与受众疑问有关的信息，这样可以全面考虑问题，使受众更容易明白汇报者的全部思想。

（2）自下而上法。有时汇报者还无法确定要讨论的主题，或者不清楚受众的疑问是什么。这时可以按照自下而上法组织金字塔结构。步骤如下：

①列出所有想要表达的思想要点。

②找出要点之间的逻辑关系。

③得出结论，按照背景—冲突—疑问—答案—新疑问的结构组织思想。

自下而上法即从金字塔的底部出发，找出同一组思想，不断向上概括总结，直至金字塔的顶端。这一方法的关键在于找出要点之间的逻辑关系。演绎推理关系和归纳推理关系是逻辑关系中的两种关系。

演绎推理是一种线性推理方式，可以分为两种模式。

模式一：

①阐述世界上已经存在的某种情况；

②阐述世界上同时存在的相关情况；

③说明这两种情况同时存在时隐含的意义。

例如，本月公司的中高端产品销售收入都较上月有所增加；A产品是公司的中高端产品；A产品本月销售收入比上月多。

模式二：

①说明出现的问题或存在的现象；

②说明产生问题的根源、原因；

③说明解决问题的方案。

例如，做好三项工作就能增加产量；公司目前的结构不可能做好这些工作；因此，公司应当改变现有结构。

演绎推理不要超过四个步骤，推导出的结论超过两个会显得过于复杂、冗余，不利于受众理解。

归纳推理是将一组具有共同点的事实、思想或观点归类分组，并概括其共同点。相较于演绎推理，归纳推理更利于受众阅读和理解，它要求找到不同事物间的共性并进行概括。

在组织思想时，不论是演绎推理还是归纳推理，都要注意人的大脑会对某个结论的出现有预期。受众会自动预测汇报者将要说的下一句话。如果受众预测的结果与汇报者实际表述不同，受众就可能感到困惑。因此，在呈现归纳或演绎过程之前，应当首先告诉受众主题思想，以便受众能够跟上汇报者的思路。

2. 写概述

概述应当包括汇报的要点，这样受众就可以在短时间内了解汇报者的全部思路，不会在之后的汇报中因为听到全新的思想而大吃一惊。讲故事是一个很好的方式。

汇报者可以向听众讲述一个与主题有关的故事，引起听众对该主题的兴趣。每个好的故事都有开头、中间和结尾，相当于前文所讲的引入背景、说明发生的冲突，并提出解决方案。这一方案就是接下来将要说明的主要思想。

引入背景时，应当先谈与文章主题有关且受众会同意的内容，最好是受众已经认可或将要认可的内容。引入背景的句子要能够明确时间和空间，为讲故事做好准备。

冲突并不一定就是不利的变化，能够促使听众提出疑问的因素都可以是冲突，疑问通常是询问接下来怎么样。表 13 - 1 是常见的四种模式。

表 13 - 1　四种模式

背景 （关于文章主题的公认事实）	冲突 （推动情节发展并引发受众提出疑问的因素）	疑问
需要完成某项任务	出现了妨碍完成该项任务的事情	应该怎么做？
存在某个问题	知道解决问题的方案	如何实施解决方案？
存在某个问题	有人提出一个解决方案	该方案是否正确？
采取了某项行动	行动未达到预期效果	为什么没达到预期效果？

要注意，概述不应当包含听众需要证明才能接受的信息，目的是提示听众而不是告诉听众某些信息。概述的长度取决于听众和主题，只要包含背景、冲突、答案这几个要素，使听众能够充分理解信息即可。

（四）案例——收入分析

下面以一个案例说明如何应用金字塔原理。

【案例4】金字塔原理的应用

　　一家企业的财务分析师将向 CFO 汇报本季度的企业收入情况。在明确企业本季度收入减少的情况下，分析师采用自上而下法搭建金字塔结构。

　　①明确主题：本季度企业收入情况分析。

　　②设想受众的主要疑问并回答。这次汇报的受众是企业的CFO，他会提出的疑问是："本季度企业收入情况如何"？回答："较同期有所减少。"

　　③说明背景并做出表述。第一个表述："企业本季度收入较同期有所下降"。

　　④在做出这样的表述之后，CFO 会产生新的疑问："收入为什么会下降？"这时就可以沿金字塔结构继续思考，并确定 CFO 会产生的新疑问。

　　⑤确定要点正确、符合逻辑并且能引出新的疑问，然后不断重复这一过程。

　　最终得出的金字塔结构如图 13-4 所示，分析师可以拓展内容，形成一份完整的报告。

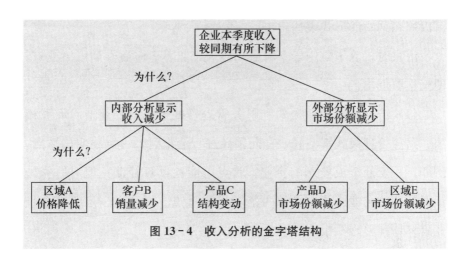

图 13-4 收入分析的金字塔结构

当然，这是一个简化的例子。在实际工作中，分析师应当根据实际情况运用金字塔原理，不断丰富汇报内容。

（五）其他注意事项

在应用金字塔原理时，应当注意以下几点：

（1）一定要先搭结构。不要试图一下子把内容都写出来，一定要先搭结构，否则可能逻辑上不连贯。

（2）多花时间思考概述，不要省略。先整理出概述的全部要素，再将注意力集中在金字塔结构中较低层次的思想上。

（3）概述先写背景，将背景作为起点。概述中的背景、冲突、疑问、答案可以按照不同的顺序进行组合，但一定要从背景开始构思，这样更容易准确地找到其他要素。

（4）在关键层次上，宜选择归纳推理法而非演绎推理法。归纳推理比演绎推理更易于理解，大多数情况下，演绎法所归纳的思想可以用归纳法的形式表达出来。

汇报时，除了应用金字塔原理梳理思路，还应该做到以下几点，使汇报更加出色：

（1）结合企业商业模式和财务管理模式。不同的企业，商业模式、财务管理模式都不同，在向领导进行汇报时，一定要明确重点。例如，一家处于成熟期的企业，重点可能在预算控制；但对一家处于发展期的企业来说，预算可能就不是重点。因此，一定要结合企业具体情况整理汇报内容。

（2）充分准备。汇报中，领导会随时提问，可能无法预测领导的问题。因此要做好120%的准备，在一个方面深入挖掘才能做好分析工作。

（3）考虑受众的喜好。现实中，有些领导偏好书面的报告，有些则更喜欢动态的图表。为了使受众更快理解汇报的内容，要采取适当的形式。

本章要点

1. 如何做到充分调研？

首先确定调研对象，然后针对不同受访者准备问卷，最后及时总结调研情况。

2. 概述的主要内容及作用是什么？包含哪几个要素？

概述应当包括汇报的要点，可以吸引受众的注意力。概述包含背景、冲突、疑问、答案这四个要素，其中答案是汇报的主要要素。

　　3.　金字塔中的思想有几种关系？

　　两种关系：纵向关系和横向关系。纵向关系指任何一个层次的思想都是对其下一层次思想的总结，下一层次是对其上一层次思想的解释和支持。横向关系指每组思想必须属于同一逻辑，而且讲解要有逻辑顺序。

第 14 章/*Chapter Fourteen*

个人转型——Power BI 数据处理

学习目标

- 掌握如何将数据从 Excel 导入 Power BI 并进行编辑处理

- 理解关系的定义，掌握如何建立关系

- 理解 Power BI 中度量值与计算列的含义

- 了解财务分析常用的 DAX 函数

- 掌握如何在 Power BI 中新建可视化图表

- 掌握如何实现交互与向下钻取

- 掌握如何将可视化报表发布并分享

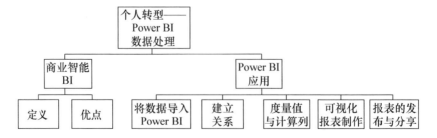

之前的章节详细介绍了不同领域具体的财务分析方法与关键指标。市场上的商业智能分析工具很多，本章中介绍的微软的 Power BI 和 Excel 最为接近，是相对灵活的一个工具。第 1 节将以 Power BI 为例，介绍商业智能软件的具体运用，帮助大家将所学的理论知识用到实际操作中。

第 1 节 商业智能介绍

一、商业智能的定义

商业智能简称 BI（business intelligence），是一种现代化的智能数据分析与决策支持工具。它将以传统 Excel 等工具为载体的数据汇集为数据库，通过更先进的数据分析与数据呈现技术，更深入地挖掘数据背后的信息，为商业决策提供更智能、灵活的支持。目前主流的商业智能软件有 Power BI、Tableau、Qlik、帆软、Microstrategy 等。

二、商业智能的优点

商业智能工具不仅具备 Excel 的数据载体功能，而且具备数据分析、可视化及输出功能。相较于传统商业分析师所使用的 Excel 等工具，BI 软件凭借其更智能的数据分析与呈现、更丰富的表现形式、更清晰的数据逻辑以及更便捷的多平台分享弥补了 Excel 制图的缺陷与不足。

（一）更智能的数据分析与呈现

传统的 Excel 图表只能反映固定区域内的数据以及选定的维度，多维度数据只能通过制作多个表格实现。而 BI 软件可以通过数据的筛选、钻取及图表联动，以一张图表展现不同维度的结果。

例如，在 Excel 的单张表格中可以看到各大区的销售额，但若领导想了解销售额较差的区域中销售不佳是由哪个省份导致的，分析师应当怎么做？显然，在传统的 Excel 工具中，分析师只能按省份汇总销售额数据。如果分析师在呈现数据前就已经考虑到这一点，他可以找出数据并制成新的图表，但如果这个要求是领导在会上突然提出的呢？现场制图或放出多张图表无疑不妥，使用 BI 软件，预先设置好不同数据间的逻辑关系，只需将省份字段拖拽到图表上，便可以通过单张图表实现将 X 轴数据下钻到各省维度，筛选出所需大区的各省数据，快速满足分析需求。

（二）更丰富的表现形式

BI 软件不仅可以更加智能地进行数据分析与呈现，还拥有 Excel 无法比拟的丰富表现形式。Excel 常用的图包括折线图、柱形图、饼状图以及散点图。这些图虽然可以实现数据的基本呈现，但是面对日趋多样的数据需求以及不同图表使用者的偏好，传统图表缺乏足够的灵活性与多样性。单一呈现形式会限制数据的利用与传播，而 BI 软件提供了更多可能。它可以以红绿灯、气泡图、数据地图、KPI、仪表板等多种形式展现数据，根据对象、目的的不同采用不同的展现形式。同时，部分 BI 软件可以在线下载更多可视化图形，让使用者能够在更广的范围内选取适合的展现形式。

（三）更清晰的数据逻辑

不同表格间复杂的关系以及中间数据的计算使制作 Excel 表格或理解他人制作的 Excel 表格异常困难。BI 软件采用了不同于 Excel 的数据处理逻辑，其以数据库为基础，通过关键词而非公式建立表与表之间的联系，采用度量值而非实际计算的数字作为图表的数据来源。这里的度量值是指预先设置好计算逻辑的一个数据指令，根据选取维度的不同输出不同的数值。假设现在有各市销售额的 Excel 表，需要制作以省份和大区为维度的销售额柱状图。使用 Excel 时，需要分别计算各省销售额以及各大区销售额，随后将计算出的数据纳入图表中。在 BI 软件中，只要预先设置大区、省份、城市的对应关系，设置一个销售额的度量值，取原始表格中"销售额"一列（这里不会直接输出数值），并将其设置为纵轴值即可，输出的结果会根据表格选取的横轴维度的变化而变化。因此，BI 软件可以避免复杂的工作表间取数以及中间值计算工作，使工作更加便利，呈现的内容更加清晰。

（四）更便捷的多平台分享

大部分 BI 软件都可以在不同平台间分享展示，以 Power BI 为例，有桌面版、网页版以及移动版，可以满足不同人群对数据分享与使用的需求。桌面版更适合长期从事数据分析与可视化的分析师或图表制作人员；网页版则允许使用者在未安装软件的情况下，实现数据的可视化展现与交互，甚至可以直接制作自己所需的图表；而移动版让使用者可以在任何时间、任何地点通过自己的移动终端实时查看图表并实现交互操作（可以仅显示最后输出的可视化图表），结合实时更新功能，随时随地掌握最新情况。而 Excel 在移动端展现的依旧是表格等原始数据，难以及时提取所需的信息。

第 2 节　将数据导入 Power BI

下面以 Power BI 为例，介绍 BI 软件使用过程中涉及的主要操作。Power BI Desktop 可以在微软官网下载，安装后即可在本地免费使用。Power BI Online Service（在线版）以及 Power BI Mobile 则需要用户使用企业邮箱注册才能使用，部分功能需要购买专业版才能使用。

本节将以 ABC 自行车公司为例，介绍各环节的操作。

ABC 自行车公司主要生产并销售自行车、电动自行车以及配件，业务遍及全国 5 大区。我们将主要使用 ABC 公司"订单详情""产品类别""大区"以及"2015 年销售目标"这四张表格。"订单详情"包含各笔销售的订单编号、客户 ID、客户省份、产品、下单日期、送货日期、金额等信息（见表 14 - 1）。此外，为配合后续可视化制作，我们还加了一张"时间表"（见表 14 - 2）。

表 14 - 1 "订单详情"概览 *

订单编号	客户 ID	客户省份	产品	下单日期	送货日期	金额
SO1047	SK4756	广东	变速器	2014-1-4	2014-1-10	46 700
SO1048	SK4757	福建	脚踏式电动自行车	2014-1-4	2014-1-10	3 463
SO1049	SK4758	江苏	反光镜	2014-1-4	2014-1-10	839
SO1050	SK4759	福建	齿轮	2014-1-4	2014-1-10	2 025
SO1051	SK4760	江苏	车灯	2014-1-4	2014-1-10	28 771
SO1052	SK4761	湖南	踏板	2014-1-4	2014-1-10	5 980
SO1053	SK4762	北京	仪表盘	2014-1-4	2014-1-10	3 775
SO1054	SK4763	四川	链条	2014-1-4	2014-1-10	40 635
SO1055	SK4764	甘肃	打气筒	2014-1-4	2014-1-10	66 994
SO1056	SK4765	江苏	补胎工具	2014-1-4	2014-1-10	7 167
SO1057	SK4766	新疆	蓄电池	2014-1-4	2014-1-10	6 090

* 概览为节选的数据，下同。

** 该案例中的省份包括直辖市、自治区。

表 14 - 2 "时间表"概览

年	月	日期
2014	1	2014 年 1 月 1 日
2014	1	2014 年 1 月 2 日
2014	1	2014 年 1 月 3 日
2014	1	2014 年 1 月 4 日
2014	1	2014 年 1 月 5 日
2014	1	2014 年 1 月 6 日
2014	1	2014 年 1 月 7 日
2014	1	2014 年 1 月 8 日
2014	1	2014 年 1 月 9 日
2014	1	2014 年 1 月 10 日

在"产品类别"中，ABC 公司将产品类别划分为三级，一级类别为自行车、电动自行车与配件，随后进一步细分为整车、车辆部件、自行车配件、电动自行车配件，三级类别为具体产品名称（见表 14-3）。

表 14-3　"产品类别"概览

一级类别	二级类别	三级类别
自行车	整车	折叠自行车
自行车	整车	山地自行车
自行车	整车	公路自行车
自行车	车辆部件	龙头
自行车	车辆部件	踏板
自行车	车辆部件	轮毂
自行车	车辆部件	坐垫
自行车	车辆部件	刹车片
自行车	车辆部件	车架
自行车	车辆部件	链条
自行车	车辆部件	齿轮
自行车	车辆部件	刹车线
自行车	车辆部件	变速器
电动自行车	整车	脚踏式电动自行车
电动自行车	整车	摩托式电动自行车

在表 14-4 中，ABC 公司将销售区域划分为北部、东部、西部、南部、中部五个大区，各大区下设对应省份，方便统一管理。在"2015 年销售目标"（见表 14-5）中，ABC 公司分省份制定了当年的销售目标。

表 14 - 4　"大区"概览

大区	省份
北部大区	北京
北部大区	河北
北部大区	黑龙江
北部大区	吉林
北部大区	辽宁
北部大区	内蒙古
北部大区	山西
北部大区	陕西
北部大区	天津
东部大区	福建
东部大区	江苏
东部大区	山东
东部大区	上海
东部大区	浙江
南部大区	广东

表 14 - 5　"2015 年销售目标"概览

省份	销售目标
安徽	2 076 117
北京	4 646 571
福建	3 506 255
甘肃	2 027 326
广东	5 313 074
广西	3 493 943
贵州	2 578 206
海南	1 916 656
河北	2 437 785
河南	1 423 565

除时间表外，上述四张表格全部位于同一个 Excel 文件内，以

工作表的形式存在。

一、从 Excel 导入

从 Excel 导入原始数据是财务分析师最常用的方法之一。Power
BI 可以实现 Excel 数据的导入以及复杂的原始数据处理。具体可以
分为导入原始数据和导入 Excel 的 Power Pivot 模块中已经建好的模
型与图表。

若需导入 Excel 中的原始数据，可以在新建文档中点击上方工
具栏的"获取数据"选项，其中第一个选项即为从 Excel 导入数据，
如图 14 - 1 所示。

图 14 - 1　从 Excel 导入数据

选取目标文件后，会出现"导航器"对话框，在该对话框内，
左侧显示的是 Excel 中的工作表，单击工作表名称可以在右侧预览
内容，单击左侧方格可以进行勾选，如图 14 - 2 所示。

选定需导入的工作表后，点击右下方"加载"按钮即可将数据
导入 Power BI 中。如果在导入前需要对原始表格进行编辑整理，点

击右下方"编辑"按钮即可进入查询编辑器。查询编辑器的操作将在后面详细介绍。

图 14 - 2　导航器内勾选所需工作表并编辑或导入

使用者可以根据自身需要，通过重复上述操作将多张 Excel 表格导入 Power BI 模型。点击左侧的"数据"可以查看已导入的数据。如果已导入表格所属的外部 Excel 文件的内容有变动，用户可以点击"数据"页面上方工具栏中的"刷新"按钮，将外部变动自动更新至 Power BI 中，无须重新导入。

二、查询编辑器的使用

查询编辑器是 Power BI 中对于已导入或正在导入的表格进行编

辑、修改的工具，既具备删除行、删除列等基本功能，也可以完成
表与表间的合并、设置标题、一维表格与二维表格相互转换等更复
杂的编辑工作。下面将介绍查询编辑器的常用功能。

(一) 日期格式的转换

在进行财务分析时，往往以月、季度、年为维度进行分析并制
图，但是原始数据往往具体到日甚至时刻，因此需要对时间数据进
行二次处理。在 ABC 公司的销售明细表中，"下单日期"是年-月-
日格式的，若以月份为最小分析维度，可以在查询编辑器中直接转
化。选中需要转换的时间列后，在工具栏中点击"转换-日期"即可
将日期自动转为周、月、季度、年份数据，如图 14-3 所示。

图 14-3　转换-日期格式

(二) 分组依据的使用

在 Excel 中可以使用数据透视图输出各省、各月的销售数据，
在 Power BI 中"分组依据"可以实现同样的功能。点击上方工具栏
中的"分组依据"，会弹出"分组依据"对话框，可以将在上一步中
已经转化为月份的下单日期作为分组依据，对金额执行"求和"操

作。注意，"基本"选项下仅能设置一个分组依据与一个列名，仅在"高级"选项下才可制作更为复杂的数据透视图，如图 14-4 所示。

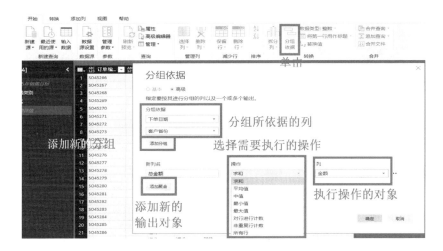

图 14-4 设置分组依据

（三）透视列与逆透视列

透视列可以将某一纵列数据转换为行。例如，使用数据透视表功能可以得到各月各省份的销售额，但月份是纵向排列的，阅读较为不便。此时可以使用"转换-透视列"功能，选中需要转换为横向的列数据后，点击透视列即可。

选中需要转换为行的列，在本例中选择"下单日期"列，点击"透视列"，随后在值列中选择需要展示的值，本例中为"总金额"（见图 14-5），随后就可以得到月份为行，分省份的销售额，如图 14-6所示。

②点击透视列

③选择需要显示的数据

①选中需要转为行的列

图 14 - 5　设置"透视列"

	123 下单日期 ▼	ABC 123 客户省份 ▼	1.2 总金额 ▼
1	1	广东	164 790.1959
2	1	福建	229 228.57
3	1	江苏	251 478.3809
4	1	湖南	277 869.9629
5	1	北京	549 770.5625
6	1	四川	302 555.616
7	1	甘肃	329 847.4034
8	1	新疆	173 976.0919

图 14 - 6　输出的部分结果

　　逆透视列的作用则相反，可以将横向排列的信息转换为一列。如图 14 - 7 所示，在进行透视列操作后，月份位于第一行标题中。此时可以选中"客户省份"，点击"逆透视列-逆透视其他列"，即可将数据转化为透视列操作之前的状态，即客户省份、月份都以一列数据的形式出现。

客户省份	1.2 1	1.2 2	1.2 3	1.2 4	1.2 5
1 上海	287 848.495	244 486.6364	386 961.489	153 044.0927	481 921.3999
2 云南	118 455.8709	204 680.8683	44 643.1397	140 101.5036	330 292.6131
3 内蒙古	293 193.1429	113 264.2084	53 075.4199	342 232.5784	133 140.7952
4 北京	549 770.5625	82 196.687	206 343.1351	492 814.0282	121 495.9944
5 吉林	166 503.4403	43 168.5623	339 738.1171	91 691.6021	67 122.7567
6 四川	302 555.616	66 450.0201	160 014.4761	167 877.0136	168 523.7417
7 天津	236 476.1151	198 721.4418	149 547.5891	267 096.0606	375 265.9117
8 宁夏	120 957.0851	72 386.1731	178 893.375	132 520.1827	52 546.4081
9 安徽	347 005.9154	273 056.6062	274 042.1167	113 144.8437	321 410.9283

图 14 - 7　透视列转换结果

（四）关闭并应用

完成各项调整与修改后，点击工具栏最左侧的"关闭并应用"即可将调整后表格与数据导入 Power BI 中。数据变化无须更新调整。若位置发生变化，可以在"视图-高级编辑器"中修改文件所在位置，避免重复进行数据修改。若已导入数据的原始表格位置发生变化，可以在"高级编辑器"中修改文件所在位置，使"刷新"功能可以找到移动位置后的源文件，如图 14 - 8 所示。

图 14 - 8　数据导入及源文件位置变更处理

第3节 建立关系

一、建立关系的原因

(一) 什么是关系

简单来说，Power BI 中表与表之间的关系可以理解为如何将一张表中的某一行数据与另一张表中的某项数据建立对应关系。以 ABC 公司"订单详情"和"大区"为例，在"订单详情"中，每一行销售数据中都包含客户省份信息，而"大区"则包含各大区名称及其包含的省份。由此，建立两张表之间联系的最佳纽带就是两张表中包含的同类别信息，在本例中即为"省份"。即根据"订单详情"中某一行的"客户省份"，在"大区"中找到包含相同省份名称的行，即可将两张表中的行与行相连接。"省份"则为该关系的关键字段，如图 14 - 9 所示。

图 14 - 9 "订单详情"与"大区"以省份信息为纽带，实现行与行的匹配

(二) 建立关系的目的

前文提到 BI 软件与 Excel 最大的区别是可以更智能地分析与呈

现，这一切建立在数据库以及数据库中不同表单间关系的基础上，例如，Power BI 后续下钻、取数等功能均是以各表间的关系为依据实现的。在 Excel 中若要实现不同报表间的取数，需要各单元格逐个建立复杂的公式，不仅复杂、易出错，而且涉及多表单的取数，难以实现灵活的调整。而 Power BI 通过建立关系实现表单与表单之间的动态链接，可以更灵活地应对多样化的多表单取数需求，为更复杂的分析提供了条件。

二、如何建立关系

在将数据导入 Power BI 后，系统会自动识别并建立部分关系，点击左侧"关系"按钮即可查看不同表单间的关系，如图 14-10 所示。

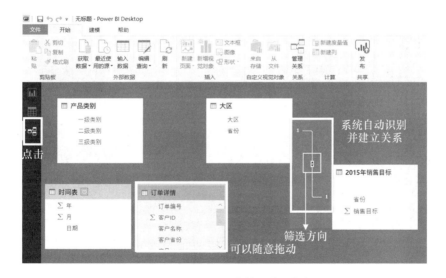

图 14-10　Power BI 中的"关系"视图

　　从图 14 - 10 中可以看到，系统已经自动将同样包含"省份"列的"大区"和"2015 年销售目标"建立了一对一关系。在 Power BI 中，两张表单建立关系后即会在"关系"视图的各表间建立如图 14 -10 所示的白色连接线。线两端的数字代表关系的类型。线两端均显示为"1"，表明关键字段（即"省份"）在两张表中均是唯一的，属于一对一关系。若其中一端显示为" * "，则意味着关键字段在该表中不是唯一的，建立的是一对多或多对一的关系。

　　此外，连接线的中间会显示两个小箭头，表明相互筛选的方向。例如，图 14 - 10 中有上下两个相反的小箭头，这意味着两张表的关系为双向关系，即后期两个表单均可从对方表单取数。若显示为单箭头，则意味着取数关系是单向的，逆箭头取数被禁止。

　　若使用过程中涉及表单较多，关系较为复杂，可以直接拖动代表相关表单的方格，以更好地梳理、展现各表单间的关系。

　　在图 14 - 10 中，我们发现系统自动识别并建立了"大区"与"2015 年销售目标"间的关系。为了实现后续分析功能，需要建立"订单详情"与"大区""产品类别"的关系，只有建立了上述关系，每条销售记录才能对应其所属大区及产品类别。通过观察数据可以发现，建立"订单详情"与"大区"间关系的关键字段是"省份"，虽然在"订单详情"中"省份"的列名称为"客户省份"，但由于实际内容是相同的，可以将其作为连接两张表单的纽带。"订单详情"中"产品"列的内容正是"产品类别"中"三级类别"的内容。此外，还可以将"实际送货日期"与"时间表"中的"日期"相匹配。

如图 14 - 11 所示，这样就确定了建立关系所需的关键字段。

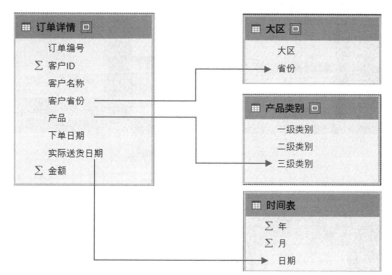

图 14 - 11 确定建立关系所需的关键字段

确定了可以连接两张表格的关键字段后，便可以在 Power BI 中手动建立关系。只需将一张表单中关键字段点击后拖动至另一张表单的关键字段上即可。如图 14 - 12 所示，可以点击选中"订单详情"中的"客户省份"，然后将其拖动至"大区"中的"省份"处，系统便会以此为依据建立关系。同理，将"产品"拖动至"三级类别"处，将"实际送货日期"拖至"日期"处，即可建立起"订单详情"与"产品类别""时间表"间的关系。

如图 14 - 13 所示，建立关系后，"订单详情"与"大区""产品类别"以及"时间表"间都出现了白色的连接线。这三个关系的连接线在靠近"订单详情"的一侧均显示为"＊"，意味着关键字段在

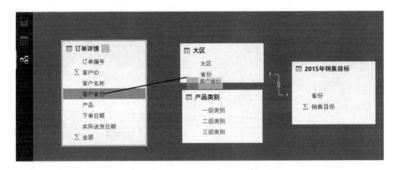

图 14 – 12　建立表间的关系

"订单详情"中存在重复值，三者均为一对多的关系。

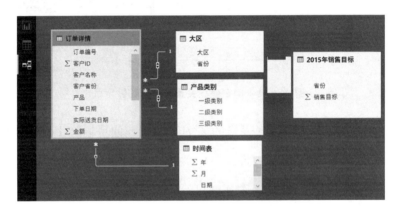

图 14 – 13　建立关系后的效果

　　此外，若需调整关键字段或筛选器方向（即连接线中间的箭头），可以双击白色连接线进入"编辑关系"界面，如图 14 – 14 所示。中间区域可以选择需要建立关系的表格，选中其中某列即将其作为关键字段。左下方可以选择关系的类别，但是一般情况下系统会自动识别，无须调整。右下方有"交叉筛选器方向"选项卡，可以在其中选择"单一"或"两个"，分别代表单向筛选与双向筛选，可以根据需求灵活选择。

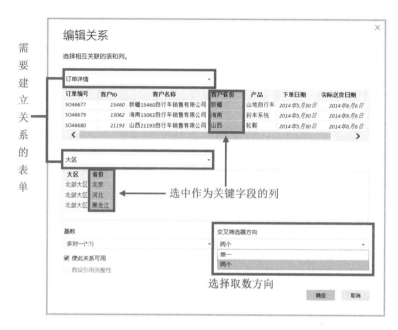

图 14 - 14 "编辑关系"界面

第 4 节 度量值与计算列

一、什么是度量值

度量值是 Power BI 中最为重要的概念之一。用 Excel 制图时，所选取的数据都是表格中已有的数字，但是在 Power BI 中，由于数据呈现形式更加灵活多变，不可能为每一项数据设置专门的区域计算并显示。例如，在 ABC 公司的案例中，如果希望了解各省、各级类别产品的销售额，需要计算很多数据；如果想了解各大区的数据，在 Excel 中需要使用公式计算出相应的基础数据，再进行可视化制作，这一过程往往复杂而费力。在 Power BI 中，我们引入度量值来解决这一问题。

度量值是以 DAX 函数为基础的虚拟字段。可以简单将其理解为选定了计算总范围的 Excel 函数。在后续可视化过程中，可以根据其他要素的变化，灵活调整在选定总范围内本次计算的具体范围。因此，它不是一个固定的数值，而是可以根据筛选标准与要求灵活输出的数值；它不是一个看得见的数值，如果没有在具体的可视化报表中使用，是无法预知其金额的，我们只是为其后续计算圈定了大致的范围（即数据不能超过该范围），但是并未圈定具体计算所使用的数据；它是一个可以重复使用的数值，根据要求、筛选条件的不同，即使选择同一度量值，也可以输出不同的结果。

以 ABC 公司的"销售金额"为例，可以新建一个名为"销售金额"的度量值，具体函数为"销售金额＝SUM（'订单详情'［金额］)"，与 Excel 中的函数类似，其意思是销售金额为"订单详情"中"金额"列的汇总数。与 Excel 不同，在 Excel 中输入类似函数会直接得到全列所有数据加总后的金额，但在 Power BI 中，该函数的作用是指定计算的总范围（即"订单详情"的"金额"列）与计算方法（即加总 sum）。而该列中哪些数据纳入加总范围视其他指标的限制而定。例如，若后续图表中同时选择了"大区"和度量值"销售金额"，那么其输出结果为按大区进行求和的金额。若选择了"产品类别"中的"二级类别"和度量值"销售金额",则分别计算各二级类别销售金额的汇总数,如图 14-15 所示。

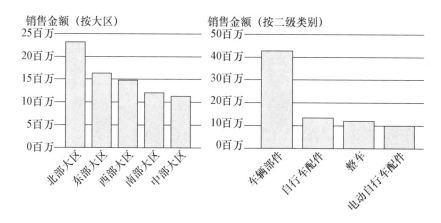

销售金额(按大区)

销售金额(按二级类别)

图 14-15　度量值根据其他要素设置的不同输出结果

如图 14-15 所示,在制作上述两张可视化图表的过程中,不需要逐个计算出"北部大区""南部大区"等的实际销售金额,只需制作时将"大区""二级类别"作为轴,使用度量值"销售金额",系统即可在图表中自动根据"大区"与"二级类别"计算出相应的销售金额。

二、如何新建度量值

在数据页面(单击左侧"数据")点击上方工具栏的"建模"选项卡,即可在工具栏中找到"新建度量值"选项。此时工具栏下方与 Excel 类似的"编辑栏"会由灰色变为可以输入的白色,并自动出现"度量值="的内容。此时可以将等号左侧的"度量值"三字替换为期望设置的具体度量值的名称，等号右侧则为输入 DAX 函数的区域。通过输入 DAX 函数，可以设置将要执行的计算操作，并选择需要参与计算的数据范围（即具体某列数据）。

以上文提及的"销售金额"为例，先点击"新建度量值"，随后将等号左侧"度量值"三字替换为"销售金额"，之后在等号右侧输入"sum("，此时系统会自动弹出已导入 Power BI 中所有表单所包含的列，在其中选择"'订单详情'[金额]"并补全括号，即可建立"销售金额"度量值，如图 14 – 16 所示。

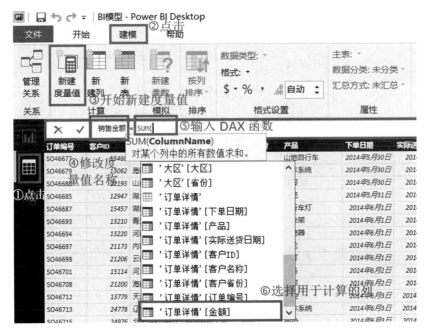

图 14 – 16 在 Power BI 中新建度量值

三、计算列

相较于输出灵活的度量值，计算列在 Power BI 中的使用较少。计算列类似于在 Excel 表格中增加一列，用以列示所需数据。与度量值最大的区别是，计算列会直接在新增的一列中输出计算结果（即可以在表单中看到具体数字），而度量值则是根据条件灵活变动的。

在 Power BI 中，通过点击"建模"选项卡下的"新建列"即可在表单中增加一列，可输入 DAX 函数进行指定的运算，如图 14 - 17 所示。以 ABC 公司为例，如果希望了解客户从下单到收货的间隔时间有多长，当然可以采用上文所述的方法设置度量值。与此同时，还可以专门新设一列。如下图所示，点击"新建列"后，表单右侧会自动出现新的空白列，可以参照与度量值类似的方法，在等号左侧输入列标题，等号右侧输入 DAX 函数。本例中令"每单用时＝'订单详情'［实际送货日期］.［Date］－'订单详情'［下单日期］.［Date］"，在工具栏中将"数据类型"设置为"整数"，即可得到每单销售实际送货日与下单日之间的间隔天数。

图 14 - 17　在 Power BI 中新建计算列

四、案例设置的度量值

在 ABC 公司案例中，为方便后续可视化，在 Power BI 中设置了如下度量值，如表 14 - 6 所示。

表 14 - 6　ABC 公司设置的度量值

度量值	函数
销售金额	销售金额 = SUM('订单详情'［金额］)
预算额	预算额 = SUM('2015 年销售目标'［销售目标］)
同比数据	同比数据 = CALCULATE('订单详情'［销售金额］，DATEADD('时间表'［日期］，−1，YEAR))
环比数据	环比数据 =CALCULATE ('订单详情'［销售金额］，DATEADD('时间表'［日期］，−1，MONTH))
同比增长率	同比增长率 = DIVIDE('订单详情'［销售金额］,'订单详情'［同比数据］)−1
环比增长率	环比增长率 = DIVIDE('订单详情'［销售金额］,'订单详情'［环比数据］)−1
预算完成度	预算完成度 = DIVIDE('订单详情'［销售金额］,'2015 年销售目标'［预算额］)

第5节　可视化报表制作

一、如何新建图表

(一) 准备工作

在制作可视化报表前，需要确保完成如下两项工作：

(1) 预先导入数据、构建模型并设置了相关度量值；

（2）理清分析思路，明确如何展现，了解图表制作需求。

设置模型与度量值是建立报表的基础，需要在进行可视化报表制作前确保已将所需数据导入 Power BI，并且相关表格间已经建立了适当的关系。只有构建了适当的表单间关系，Power BI 才可以在可视化的过程中实现跨表单灵活取数的功能。此外，还需要设置合适的度量值，对于部分简单、不存在灵活变化的数据，可以直接选择表单中的某一列，对于需要根据筛选条件灵活调整的输出值，则应当运用 DAX 函数建立适当的度量值。

由于 Power BI 可以很方便地实现已有表单内数据的灵活组合与展示，赋予可视化更多的形式与可能，因此在进行可视化报表制作前应当明确可视化需求以及想要表达的内容。这样能够更高效地工作，避免迷失于可视化功能的众多选择之中。

（二）可视化制作方法

1. 报表界面介绍

在 Power BI 中，可视化图表的制作是在报表页上进行的，该报表与传统财务意义上的报表不同，是承载各个可视化图表的具体页面，类似于 PPT 页面。而报表界面是第一次进入 Power BI 所处的界面，此外，还可以通过点击左侧竖列的第一个"报表"按钮进入报表页面。如图 14-18 所示，报表页面中心的白色区域就是承载具体可视化图表的报表页，可以将其理解为 PPT 的空表页，未来制作的图表需要置于该空白页中。界面下方的报表栏类似于 Excel，可以显示多张不同的报表页并通过点击进行切换。双击页面即可修改相应报表的名称，点击右侧的"＋"号按钮可以新建报表页。在实际使用过程中可以设置多张报表页，分类放置相应的可视化图表。

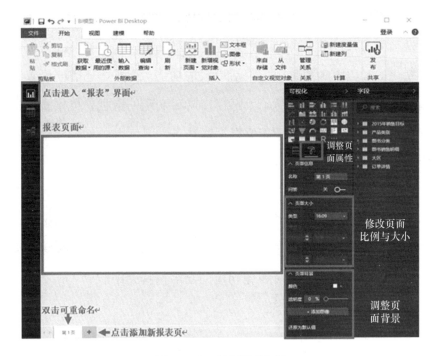

图 14-18　报表界面介绍

　　若需调整页面格式，可以点击"格式"按钮显示相应编辑选项。其中"页面大小"可以设置页面长宽比例，若需设置具体长宽度，可以在下拉菜单中选择"自定义"，并在下方输入具体宽度与高度。最下方的"页面背景"选项则可以调整页面背景颜色、导入背景图片或调整背景透明度。

　　2. 选择适合的图表类型

　　Power BI 自带多种可视化形式，既有传统的柱状图、折线图、饼状图，也有气泡图、树状图、漏斗图、卡片图、KPI 等更丰富的表现形式。不同的可视化类型具有不同的功能，可以在报表视图右侧的"可视化"栏目中选择具体的可视化类别。表 14 - 7 介绍了常用可视化图形的主要用途（与 Excel 类似的图表不再重复介绍），图 14 - 19 是可视化图表的显示效果示例。

表 14 - 7　常用可视化图形介绍

可视化	演示编号	说明
堆积条形图	④	横向柱状图
簇状柱形图	⑤	纵向柱状图
百分比堆积条形图	⑦	横向显示不同类别占比
折线和簇状柱形图	⑫	折线图与簇状柱形图的组合
散点图（气泡图）	⑧	散点大小随数值变动而不同
树状图	⑨	以面积显示不同类别占比
漏斗图	⑥	按长短表现数据大小
仪表	⑪	显示目标值的完成度
卡片图	③	显示具体某一指标的数值
KPI	②	显示目标（KPI）的完成情况
切片器	①	可以设置具体的筛选条件
表	⑩	以表格形式展示数据

3. 选择可视化图表的数据

下面以最简单的堆积条形图为例介绍在 Power BI 中制作可视化图表的具体方法。主要有两种方法：一是先选中需要的数据，再点击具体图表类型，这种方法适用于较简单的图表；二是先选择图表

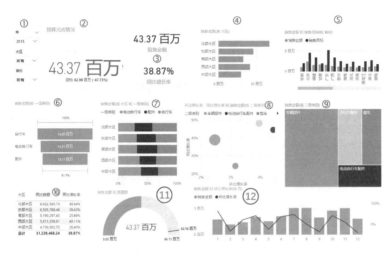

图 14 - 19　主要可视化图表示例

类型再拖动数据。下面介绍第二种方法。

　　首先在"可视化"中选择"堆积条形图"，随后在报表中可以看到一个空白的图表框，这是因为还没有加入具体数据。此时可以看到"可视化"下方的字段栏会出现"轴""图例""值"等选项，如图 14 - 20 所示。这里所显示的就是在该图表中可以添加的数据选项，即可以分别设置"轴""图例""值"所对应的数据。这里的"图例"表示在轴的基础上添加的另一个维度。

　　此时导入数据的方式有两种：一是直接在字段栏中勾选所需的字段；二是将字段拖动至对应位置，如图 14 - 21 所示。假设需要制作一个显示不同大区销售总额的堆积条形图，并且显示各大区各一级类别销量的占比。那么"轴"数据应当为"大区"，"值"应当为度量值"销售金额"。

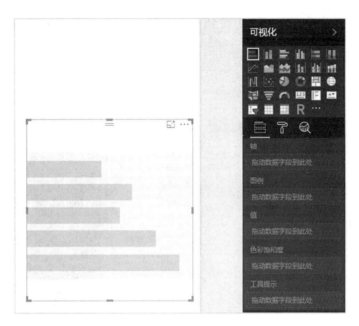

图 14 - 20 选择可视化后出现的界面

图 14 - 21 设置可视化图表所有的字段

完成字段设置后，便可输出相关图表。此外，点击图表右上角的"…"，可以对图表内容进行排序或显示具体数据，如图 14 - 22 所示。

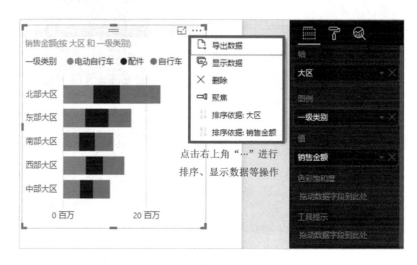

图 14 - 22　完成效果及排序与查看数据操作

4. 设置图表格式与内容

如果需要修改图表标题、添加数据标签、修改颜色等，可以点击可视化区域下方的"格式"图标进入图表格式编辑页面，如图 14 - 23 所示。可以分别对标题、轴、数据颜色、数据标签、背景等进行设置。建议在整个报告中相同内容使用一个颜色。避免在整个报表页使用过多的颜色，尽可能保持统一的主色调，以保证美观与整洁。

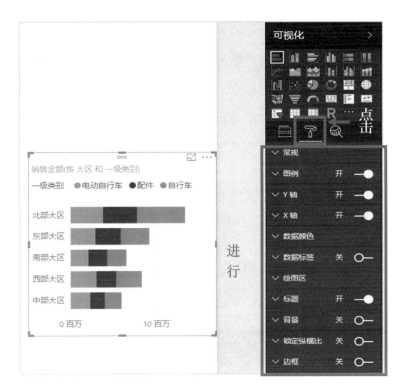

图 14 - 23　设置图表格式与内容

5. 插入文本框

在制作报表的过程中可能需要给整个报表页添加一个大标题或需要给某一图表加解释性文字，此时可以通过插入文本框实现。可以通过"工具栏—开始—插入—文本框/图形/形状"进行插入文本框等操作。

二、如何编辑交互

表与表之间的交互是 Power BI 可视化的重要特性之一，点击一张图表中的某一维度数据，可以让其他图表产生联动。以记载有各产品类别销售占比信息的树状图以及展现各大区销量的堆积条形图为例，如图 14－24、图 14－25 所示。在不点击任何图表的情况下，两张图分别显示了所有大区各产品类别的销售占比以及各大区的销售占比。点击其中的"北部大区"时，树状图会自动变更为北部大区各产品类别的销售占比。

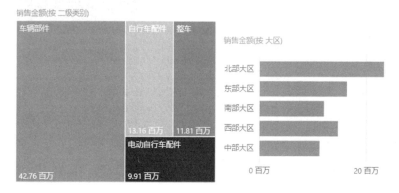

图 14－24　未点击任何大区时图表显示情况

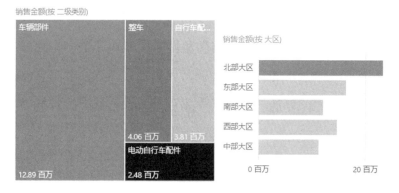

图 14－25　点击"北部大区"后左侧树状图发生变化

通过设置相关交互，可以快速查看所需的各类信息。如果按住 Ctrl 键，还能同时选择多个条件，满足更复杂、灵活的数据展示需求。上文提到的切片器也是运用了表与表之间的交互。

交互主要有两种形式：一种是"筛选器"，另一种是"突出显示"。"筛选器"的效果即当使用者点击一项数据，如"北部大区"，会对其他图表起到筛选的作用，相关图表会输出以该条件为筛选条件的相应数据。如图 14 - 25 所示，点击"北部大区"，相当于对树状图设置了"大区＝北部大区"的筛选条件。

"突出显示"是指选中某一条件后，其他图形显示的值不会改变，但是以该条件筛选的数值会突出显示出来。这一条件更加适用于条形图、饼状图等。图 14 - 26 显示了 ABC 公司各月的销售金额。如图 14 - 27 所示，点击右图中的"北部大区"时，代表公司各月销售金额的数据依旧存在，但是颜色会变淡，与此同时，代表"北部大区"各月销售金额的数据会以更深的颜色显示。

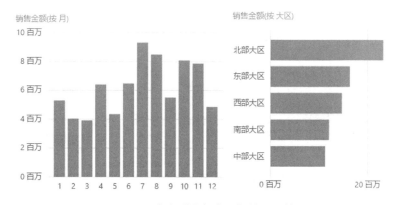

图 14 - 26　点击"北部大区"前显示效果

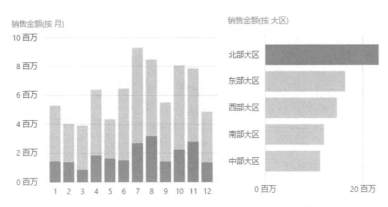

图 14 - 27　点击"北部大区"后"突出显示"的交互效果

在 Power BI 中，可以分别设置某一图形与其他图形的交互效果。例如，如果需要显示各大区销售额的堆积条形图与其他两张图片的交互效果，应进行以下操作：第一步，选中需要编辑交互的图表；第二步，点击"工具栏－可视化工具－格式－编辑交互"，显示其他表格对该表格的交互设置按钮；第三步，选择交互形式或禁用交互，如图 14 - 28 所示。

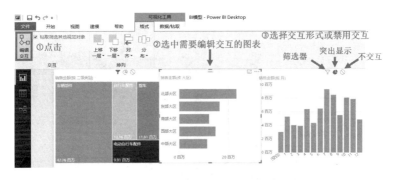

图 14 - 28　设置中间的图表与左右图表的交互关系

值得注意的是，当页面内图表较多时，可能需要分别设置每个图表与其他图表的交互关系，避免后续展示过程中出错。另外，并不是所有图表都需要设置交互关系。例如，假设有一张专门显示公司总目标完成度的卡片图（即直接显示完成度数据），那么该图表输出的内容不应当受其他图表交互的影响，即点击"北部大区"时，卡片图所显示的内容依旧是公司总目标的完成度。此时，需要在编辑交互的过程中将该图表与显示总完成度的卡片图的交互关系设置为"无"。

三、实现向下钻取

Power BI 的另一个强大功能是便捷的数据钻取。在汇报财务数据时，如果某一会计科目数据出现异常波动，我们往往希望知道究竟是什么导致最终财务指标异常。在分析销售增长率时，我们既希望看到公司各大区的增长情况，又希望了解增幅较小的大区是哪个省份或哪个销售人员没能完成销售任务。对数据的不断分解与钻取可以帮助我们更细致地了解问题所在，提升企业经营管理效率。

在 Power BI 中，只要预先设置不同科目、省份与大区间的对应关系，就可以快速实现数据钻取。

以图 14-29 为例，我们制作了各大区的销售金额与各一级类别产品的销售占比图。如果想进一步了解各省的销售数据以及各二级类别产品的销售占比，由于在"大区"以及"产品类别"两张原始表单中预先设置了省份与大区以及一级、二级、三级产品类别的对应关系，并且在建模时建立了其与"订单详情"的关系，因此仅需点击表格左上方的向下钻取按钮，即可显示下一层次数据，如图 14 - 30 所示。

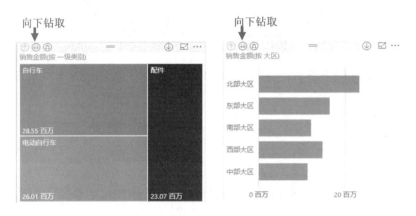

图 14 - 29　未点击"向下钻取"时的效果

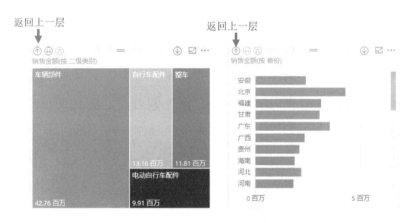

图 14 - 30　点击向下钻取按钮后显示下一层次数据

要实现该钻取效果，需要在格式中预先设置好下一层次的字段，且上下层字段间要有明确的对应关系（如省份与大区、各级产品类别、各级报表科目）。设置向下钻取字段时，只需在右侧设置报表使用字段的区域将下一层次的字段拖动至上一字段层次下方即可，如图 14 - 31 所示。以显示各产品类别的树状图为例，可以明确不同层次间的对应关系为"一级类别－二级类别－三级类别"，其中一级类别的概括程度最高，应当置于第一层，三级类别最为详细，应当归入最低的类别。此时只要将"二级类别"与"三级类别"分别从字段表中拖动至"一级类别"下方即可。完成相关设置后，若对应关系是正确的，图表即可实现自动向下钻取的功能。

图 14 - 31　将下一层次字段拖动至上一层次字段的下方

第6节　报表的发布与分享

Power BI 的一大特性是可以实现多平台的编辑与分享。之前的章节主要介绍了 Power BI 桌面版的使用方法，但在日常工作中，可视化报表往往是向高层领导展示的，因此本节将介绍 Power BI 常用的分享方法。

一、发布到网页版

在 Power BI 桌面版中完成相关报表的制作后，需要将其发布到网页版才能进行后续的分享与操作。需要注意的是，在发布到网页版 Power BI 前，用户需使用公司邮箱注册并登录 Power BI 软件。登录后，点击上方工具栏中的"发布"按钮即可将本地制作的 Power BI 报表及数据集上传到网页版 Power BI，如图 14 - 32 所示。

图 14 - 32　将桌面版报表发送至网页版 Power BI

在 Power BI 网页版中，如图 14-33 所示，左侧的工作区下方有
"仪表板""报表""工作簿""数据集"四大项目。其中"仪表板"
相当于报表的封面，可以将最重要的可视化图表及公司标识等内容
加入其中，让分享对象能够更直观地对报表有初步了解。选中某一图
标后，点击右上方图钉按钮，即可将其固定至仪表板中，如图 14-34
所示。在仪表板内点击任意图表则可自动进入具体的报表页，起到
超链接的作用。报表则与 Power BI 桌面版界面基本一致，初次导入
后点击上方"编辑报表"按钮就可进入与桌面版一致的界面，实现
报表的新建与调整。数据集项目则包含该 Power BI 文件所加载的原
始表单与度量值，可以通过点击数据集右侧的"…"进行刷新数据
等操作，如图 14-35 所示。

图 14-33　Power BI 网页版界面

图 14 - 34　将图表固定至仪表板

图 14 - 35　在网页版设置数据刷新等功能

二、设置手机版格式

在 Power BI 中，后续的分享形式包含在手机等移动端查看，由于页面比例不同，可以在 Power BI 中预先设置手机布局，以便手机端的使用。如图 14 - 36 所示，通过点击工具栏上方"视图－手机布局"，可进入手机布局界面。如图 14 - 37 所示，将相关图表拖动至画面中央的模拟手机界面中，便可实现对手机端显示格式的编辑。

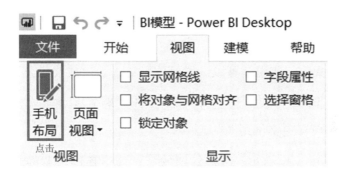

图 14 - 36　点击进入手机布局界面

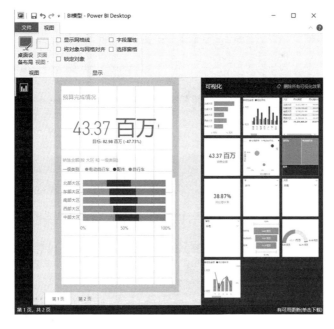

图 14 - 37　手机布局编辑界面

三、公网分享

　　Power BI 分享分为公网分享与指定人可见的分享。其中，公网分享是指生成的分享链接所有人均可见，无法设置访问限制。此类分享可以免费使用，无须购买 Power BI 专业版账号。而在指定人可见分享方式中，使用者可以设置具体可见人名单或仅同公司（公司邮箱后缀相同）账号可见。该功能要求用户购买 Power BI 专业版账号，新用户可免费试用 60 天。

　　如图 14-38 所示，如需公网分享，可以在网页版的报表页中点击上方"文件"，选择"发布到 Web"，即可生成相关分享链接。如图 14-39 所示，第一行链接可以通过直接发送网址让他人查看可视化报表。第二行链接主要用于嵌套在具体网页之中。值得注意的是，该分享形式仅支持让他人查看报表页的可视化图表，不支持报表编辑以及查看完整数据集的操作。

四、指定可见人分享

　　指定人可见分享功能可以实现分享报表页或仪表板以及添加他人进行文字交流等操作。需要注意的是，上述操作要求发布者与可见者均为 Power BI 专业版账号用户。此外，可见人只能为同公司账号拥有者。

图 14-38　生成分享链接

图 14-39　分享链接示例

指定可见人分享主要有三种形式：

（1）仪表板分享。在仪表板界面，点击右上方"共享"按钮，即可弹出"共享仪表板"窗口，如图 14 - 40 所示。可以在"允许访问"一栏输入与发布人邮箱后缀一致的公司邮箱，将其设为可见对象，并在下方设置相关权限，最后点击"共享"，如图 14 - 41 所示。

图 14 - 40　仪表板"共享"按钮

图 14 - 41　设置可见人并分享

（2）报表分享。与仪表板分享类似，通过点击右上方"共享"

按钮并输入允许访问的同公司邮箱，即可实现指定对象分享，此处不再赘述。

（3）报表二维码分享。这种方式无法指定可见对象，但是扫码人员中只有本公司同事（即邮箱后缀相同）才能查看。在报表页点击右上角"…"，会弹出"生成 QR 码"选项，点击即可生成相应二维码，如图 14 - 42 所示。

图 14 - 42　报表二维码分享

本章要点

1. 新时代的经营分析人员应该了解科技带来的变化有哪些，其中商业智能是什么？

商业智能简称 BI，是一种现代化的智能数据分析与决策支持工具。它将以传统 Excel 等工具为载体的数据汇集为数据库，通过更为先进的数据分析与数据呈现技术，更深入地挖掘数据背后的信息，为商业决策提供更智能、灵活的支持。

2．商业智能能帮财务做什么？

（1）更为智能的数据分析与呈现；（2）更丰富的表现形式；（3）更清晰的数据逻辑；（4）更便捷的多平台分享。

3．使用 Power BI 实现经营分析可视化有哪些步骤？

（1）将数据导入 Power BI 并进行编辑；（2）建立数据关系；（3）设置度量值和计算列；（4）可视化报表制作；（5）报表发布与分享。

图书在版编目（CIP）数据

经营活动分析/刘俊勇，贾菁，李绍蓬编著. --北
京：中国人民大学出版社，2022.1
ISBN 978-7-300-29971-6

Ⅰ.①经… Ⅱ.①刘…②贾…③李… Ⅲ.①企业经
营管理 Ⅳ.①F272.3

中国版本图书馆 CIP 数据核字（2021）第 207119 号

经营活动分析

刘俊勇　贾　菁　李绍蓬　编著

Jingying Huodong Fenxi

出版发行	中国人民大学出版社				
社　　址	北京中关村大街 31 号		邮政编码	100080	
电　　话	010 - 62511242（总编室）		010 - 62511770（质管部）		
	010 - 82501766（邮购部）		010 - 62514148（门市部）		
	010 - 62515195（发行公司）		010 - 62515275（盗版举报）		
网　　址	http://www.crup.com.cn				
经　　销	新华书店				
印　　刷	天津中印联印务有限公司				
规　　格	170 mm×230 mm　16 开本		版　　次	2022 年 1 月第 1 版	
印　　张	22.25 插页 1		印　　次	2022 年 12 月第 2 次印刷	
字　　数	221 000		定　　价	78.00 元	